たった1か所を「眺める」ことで始まる！

人生を変える 片づけ

井田典子

主婦と生活社

はじめに

「片づけ」の仕事でさまざまな家庭にうかがいます。そこで感じることは、「片づけに悩んでいる方は、完璧を求めすぎている」ということ。片づけには完成形はなく、不具合のあるところに手を加えていく、日々の連続作業です。

今日の部屋はきれいに整えられたとしても、明日の部屋はまた乱れます。明後日もまた乱れます。キリがない、終わりがない。だからいつも100パーセントの片づけをめざすと、心が折れてしまうんですね。

賽《さい》の河原で石を積んでいるような虚しさに近いと思います。だから「今日はここまで片づけられた。自分はがんばった」と、自分自身にもっとやさしくしていいと思います。

私たちは、日々の食事作りにしても掃除にしても、とてもがんばっていると思いませんか？　歳を重ねてくると自分の健康だって気になるし、実家の親のことも頭をよぎる。やることはいっぱいです。部屋がゴチャついていても、家族に言うより自分がやったほうが早いからと、つい手を動かしてしまう。

片づけに悩む方というのは、自分ひとりで抱えこんでしまう、やさしい方が多いように思います。不用品とはわかっていても「いつか使う時が来るかも」と決断できない、物事に慎重な性格の方も多いと感じます。

片づけの目標は、小さくていい。小さくないと続かないと思います。たとえば、「1日1回は、きれいに片づいた場所を、たった1か所でいいから眺めてみる」。そんなことでいいと思います。ダイニングテーブルの上、モノ1つない状態を眺めてみる。スッキリ片づいた引き出し1つ、開けて眺めてみる。

自分は「片づいた空間を作れるんだ」と、実感し、自信を積んでいければ、片づけは苦にならず、継続できるのです。

私も完璧をめざし、苦しんだ時代が長かったです。前著『「引き出し1つ」から始まる！ 人生を救う 片づけ』でもふれましたが、思うようにならない子育てで自分を追いつめていました。期待をこめて大切に育てた長男は、15歳の時、部活動での挫折から学校をさぼるようになり、20歳の時には大学を中退。「どうして、家に帰ってこないの？　なぜそんな乱れた格好をするの？　なぜ勝手なことばかりするの？」と問い詰めてばかり。そうなると、子どもはいっそう離れていきました。

そのころ、私が所属する「友の会」では子ども係を引き受けていましたし、子育てに悩む仲間にアドバイスをしていたり、家では学習塾もしたりしていました。なのに、自分の子どもはこんな状態になっているという恥ずかしさ。

今思うと、私が自分自身の体裁を気にして勝手に悩んでいたのです。本当は、子ども自身がいちばん苦しかったはずなのに。そして、次男はそのころ、原因不明のチック症になっていました。「ストレス性です」と病院で医師に告げられた時のショック。不安定な母親の精神状態が、影響したのではないか。自分はいい母親をやっている、という思いはただの思い込みだったのではないか。つらい時期、自分の心を鎮めるように、部屋を黙々と片づけました。

今は長男も音楽で身を立てることを決意して海外へ。少々遠回りな生き方をしている分、人の痛みがわかるやさしい子になってくれています。そして私も子育てで苦しんだ経験が今の仕事に活きています。クライアントの悩みに耳を傾け、いっしょに解決策を考える。子育てとはまわりまわって自分に恵みをもたらしてくれるもの。やっと今、それを実感する日々です。

拙著では、老後を見すえ、2世帯住宅に引っ越しをしたこともつづりました。

60代がもう、すぐそこ。次の人生ステージに向けて、心は自由に、暮らしは身軽に。片づけを通して得られる心豊かな暮らしを提案していきたいと思います。

井田典子

CONTENTS

CHAPTER 2

目指すのは「整った暮らし」と「安心な家」

CHAPTER 3

日々をラクにする衣食住の心がけ

CHAPTER 4

人生を変える片づけ～5軒のお宅で気づいたこと～

60代に向けた「人生の棚おろし」

CHAPTER 1

3人の子どもたちはそれぞれに自立し、夫の定年退職も間近となってきました。いよいよ本格的に夫婦ふたり暮らしとなり、共通の趣味の山歩きなどを楽しみながらのんびり過ごそうか、と話していた折、長女夫婦から同居話が持ち上がりました。共働きの若い夫婦とふたりの孫をサポートする――思いもよらなかった2世帯暮らし。じつの娘とはいえ、同居はうまくいくのだろうか？　多少の不安はありますが、人生の後半で与えられた役回りを「なるように、なる」という気持ちで楽しんでいきたいと思っています。

50代から60代。時間、お金、モノを握りしめない暮らしへ

東日本大震災を機に「3/4生活」をしています。3日分の買い物で4日間過ごす。お風呂のお湯の量を3/4にする。自分の収入の1/4は献金や寄付にまわす。余暇の1/4はボランティア活動にあてる。自分の持っているモノ、体力、時間の1/4を差し出すつもりの気分で暮らせば、60代からもフットワーク軽く動けるような気がします。

今の60代はまだまだ若いというイメージ。「自分たちのためだけに時間やお金、モノを握りしめて生きる」のはもったいないと思うのです。そして人生の残り時間を意識するにつれ、自然に「時間の使い方」に思いがおよびます。そしてそれは「モノの整理」と共通点があることがわかってきました。たとえば、以下の4つの点。

・決めグセをつけたらラクになる

「いつまでにやる」「必要なモノを選ぶ」といったように、時間もモノの整理も自分自身で「決める」ことが大切。これがすべての行動の出発点となります。

・ムダを省くと効率的

時間の使い方は「ロスタイムを減らす」、モノの整理は「動線を工夫」して効率的に動くことを意識します。

・区切りや枠の設定をすると自由になる

時間では「朝の8時までに家事を終わらせる」といった「いつまでに何をやるか」という区切りの設定。モノの整理では「場所を決めて、必要な分だけ入れる」という枠の設定。時間も場所もリミットを作ることで、「それ以外は何をしてもいい自由」を手に入れられます。

・「やりかけ」をやめるといつも整った状態になる

何か1つのことを始めたら、それをやり終える。使ったらもとに戻して原状回復をはかる。いつも何かが中途半端というのは、気持ちが整いません。完結させるまでを1つの動作と考えます。

時間やお金、モノの使い方を見直して生活をコンパクトに。余力を生み出す暮らしが60代の目標です。

時間の使い方 と モノの整理 じつはつながっています

- するべきことを決める
- ロスタイムを減らす
- 基本時間を決める
- 時間割を作る
- やりかけにしない

- 本当に必要なモノを選ぶ
- 使う場所の近くに置く
- 枠を決める
- 仕切って適量を入れる
- 使ったらもとに戻す

スノードームが静かに落ち着いていく。60代はそんな心境で暮らしたい

あわただしかったこれまでの日々。60代が視野に入ってきた今、心を鎮めて毎日を過ごしたいと願います。それはまるで、舞い上がったスノードームの中身が静かに沈殿していくようなイメージ。パーッと心が乱れることがあっても、また落ち着きを取り戻せる。その落ち着きを取り戻す行動が「片づけ」なのだと考えます。

片づけは「ペン1本、紙1枚」から

そのペンは書けますか？　その紙は必要ですか？

家のペン、すべて書けますか？　「書けそうかな、どうかな」というモノがペン立てにずっと入っているのは無責任な気がします。紙１枚であっても不要なモノはただのゴミ。保存するモノ、古紙に出すモノ、捨てるモノと分類を。

最近はもの忘れもちらほら。どこに何があるのか、いくつあるのか。前は5つくらいの数だったらしばらくは覚えていられたのに、今は3つでも怪しい。だから暮らしの中のモノは「覚えていられるだけ」の量が適量。それを超えると自分で管理ができないことを、たくさんのお宅で見てきました。モノの数の把握があいまいなので、ストックがあるのに買ってしまい、さらにはもったいないからと処分もできない。それでは、〝根雪〟は深くなるいっぽうです。

家の中のペン1本、紙1枚だって、だれかが「捨てるか、残すか」の判断をして所定の位置におさめなくてはいけません。たかがペン1本くらい使っていないものがあったってと思う気持ちが、引き出し1つくらい片づいていなくたってという気持ちにつながります。そしていずれ、リビングだけなら散らかっていたってしょうがない……と負の範囲が広がります。**ペン1本の判断ができなくて、リビング全体を片づけることはできません。**家にある根雪は万年雪となりがちで、勝手に解けてはくれません。まずは目の前にある身近なモノから判断と選択のクセをつける。片づけのスタートはここからです。

手にした瞬間に分類すれば、「未来が汚れない」

片づけとは未来への準備です。取り出しやすくすれば、未来の私や家族がラクになる。**後まわしにするということは「未来を汚すこと」**。今、やってしまえばとても気持ちがいいのに、もったいないと思います。

片づける手順として、手始めに「同じジャンルのものを『出して』みます。そうすることで客観的に自分を知ることができます。たとえば木べらを8本持っている人、Tシャツばかり18枚も持っている人。しかも似たような色や柄がいくつも……。

1度、自分の偏りや傾向、つまり「持ちグセ」に気づくと、買う時に立ち止まることができます。「私はついコレを買ってしまいがちな人なのだ」と認識すれば、いつものように「つい、うっかり」と不要なモノを買わなくなります。

そして次のステップは、「手にした瞬間に分類する習慣をつける」。とくに紙類は後まわしにしがちなので受け取った瞬間が勝負。たとえば子どもの学校のプリントは、覚えておかないといけないことだけをカレンダーに記入し、必要なプリントはフォルダーへ、残りは古紙へ。スーパーから買ってきた食品は間髪を容れず包装ビニールをはがしたり、洗ったりして所定の場所までしまい終える。

慣れてくれば手が勝手に動くようになります。そうすれば片づけは加速の一途です。

紙類は置いた瞬間から「腐り」ます

紙1枚であってもファイルに入れてラベルを貼り、立てて収納します。寝かせた瞬間から、下のほうの紙は取り出しにくくなって新陳代謝されなくなり「腐って」いくのです。

心が苦しい時は「目の前の1か所だけ」片づけてみる

もっとも効果がわかるのがダイニングテーブル

ダイニングテーブルは作業台でもなく、子どもの勉強机でもない、本来は食事をする場所。役割があいまいだとぼんやりとした空間になります。「空間がにごってくる」というイメージです。キッチンは料理をする場所、だから料理道具以外のモノは置かないと決めます。こうして、それぞれの場所の役割をはっきりさせることで、生活がクリアになっていきます。

長いこと、アイロンがけをめんどうに感じていました。いつもアイロンかごに1週間分くらい溜めていて、週末にまとめてするようにしていたのです。そうすると溜めたワイシャツに重ねジワができてしまい、ますますアイロンがけがめんどうになっていました。

なによりもイヤだったのが、中身の溜まったアイロンかごがいつも視界に入ってくること。「今やればあとでラク」なのはわかっている。なのに、やれていない自分。チクチクとした罪悪感がしだいに心をむしばみます。それがイヤで、ある時からやり方を変更しました。洗濯物を取り込む部屋でアイロン台をセットし、コンセントを入れてから取り込むようにしたのです。

そうすると熱くなっているので、イヤでもすぐにアイロンをかけないといけなくなります。毎回1枚2枚のものにアイロンかければいいだけなので、5分もあればすんでしまう。苦痛の象徴だった「溜まっているアイロン

汚れ、カビ、ゴチャつきを「視界に入れない」

ホテルに行くと心が落ち着くのは「余計なモノがない」から。そこにあるべきものだけがある空間のすがすがしさ。そのすがすがしさの中には、もちろん清潔さも入ります。

床にモノを置かない工夫

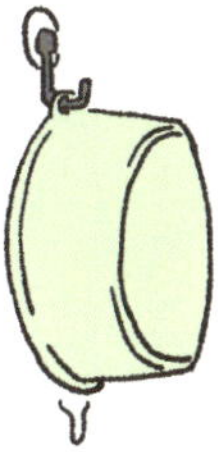

穴の空いた洗面器をフックに掛ける。

いすは手すりに掛ける。

共有するもの以外はカゴに入れて各自が持ち込むスタイルに。

かご」が目に入らなくなるだけで心がラクになりました。心が晴れない時。それは、あなたの心の中に「アイロンかご」があるからかもしれません。たとえばよく視界に入ってくる場所で気がかりなところ、1か所でいいから片づけてみてください。自分が見ている空間が整うと「あ、自分はここにいていいんだ、ここを管理できるんだ」という自信がわきます。自分を勇気づけることができる。**片づけをするとスッキリするのは、自分を肯定できるから**なのです。

「そこに入れなくていい」という自由

動線が長いことも片づけられなくなる要因です。たとえば2階で洗濯物を取り込んで、しまうのが1階の奥の部屋だとします。それだと洗濯物をしまうという習慣がなくなり、洗濯物の山があちこちにあるのがあたりまえの風景となります。家族もそれをおかしいと思わなくなって、その日の着るものはそのへんの山から勝手に持っていくようになります。**不便に不便が重なってみんなが困る。「不便の上塗り」がとまらなくなる**のです。洗濯物が出しっぱなしということは、「ほかも出しっぱなしでOK」という家族への刷り込みにもなります。雑然とした状態は「こういう部屋だから片づけなくてもしょうがないよね」という無言のサインを私たちに送り続けます。だからどこかの時点で「ここには何も置かないこと」と宣言して不便を絶つことが肝心。

動線の不便さはとくにキッチンで感じることが多いのではないでしょうか。ためしに万歩計をつけて朝の家事を行ってみてください。千歩以上歩いていれば、動線の見直しが必要だという目安です。

わが家のキッチンの調理台。いちばん上の引き出しには、お玉が1個。菜箸が1組。へらも1本といった具合で全部1種類1つずつ。それらを「下ごしらえ→測る→混ぜる→盛り付ける→ひっくり返す」と、作業順に並べています。するとなんの迷いもなく、パッと取れて快感！

棚も引き出しも詰め込まず、余白を作ることが作業効率をうみます。私たちは空間があれば、無意識に詰めてしまう。詰めないと活用していないような気になってしまいますが、じつは逆。活用するには余白が必要なんですね。詰め込んだ中から選ばなければいけないというのは不自由。取り出しにくさはストレスしかうみません。

「そこに空間があっても、あえて入れない」。空間があっても入れなくていい。空かせておきましょう。

空間の余裕は気持ちのゆとりと直結します。

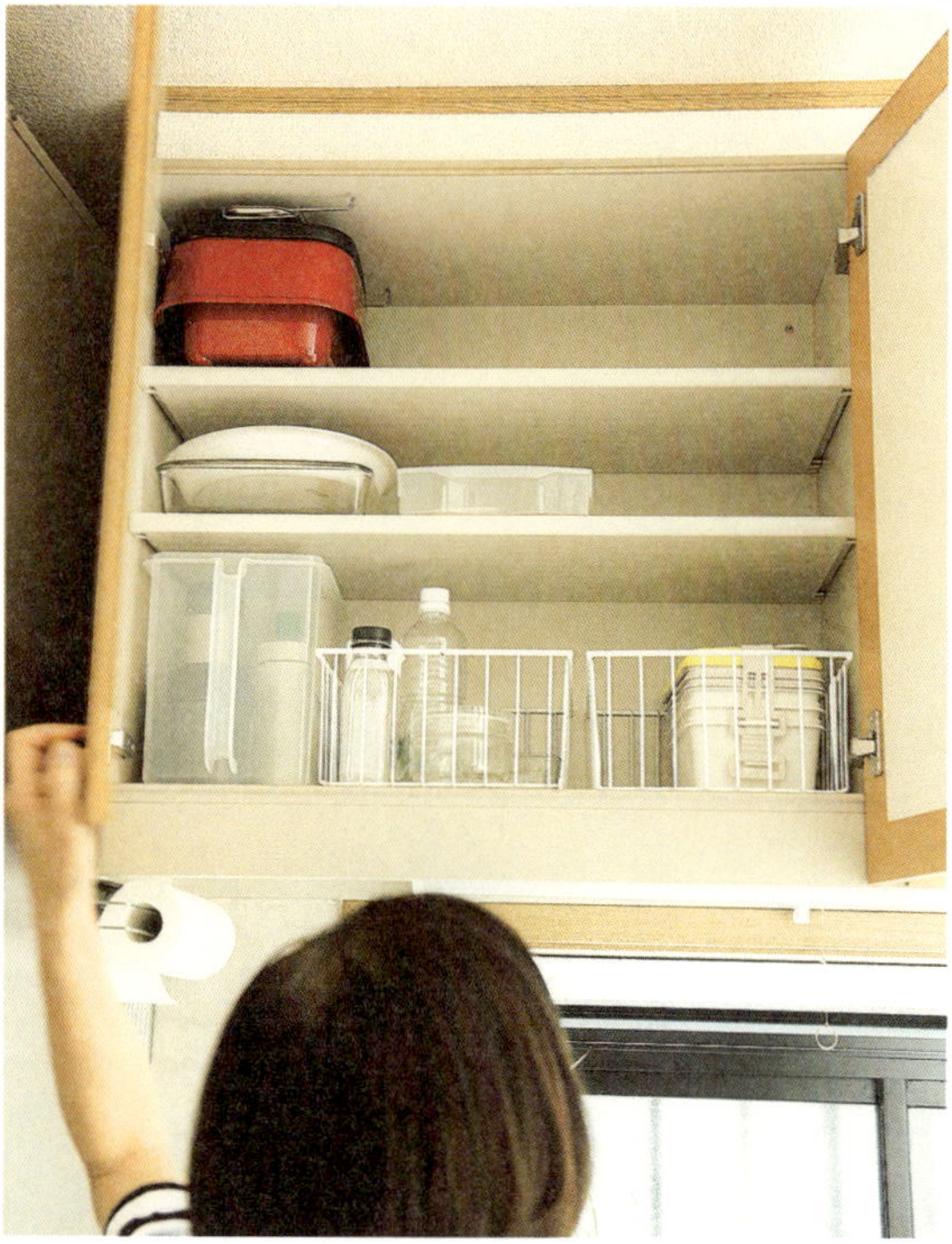

あえての「すきま」と「余白」で心を自由に

キッチンの上の棚。上のほうは手が届きにくいのでモノを置かないようにしています。置いても、取り出しにくいと結局は活用できません。よく使う最低限のモノだけを置いて、つねに空間に余裕を。余裕があると空間がひと目で見渡せて、探さなくてすみます。探さなくていいと思うだけで、棚を開けたときの心の負担が減ります。入れたいモノがあればいつでも入れられるという、「余りのある空間」があるのは気持ちのいいものです。

「立てる」ことでうまれる劇的な余裕

横にして寝かせた収納だと、下のモノを取り出すのがおっくうに。おっくうになるから、ついまた、重ねていくのです。立てることでひと目で見わたすことができ、取り出しやすくなります。

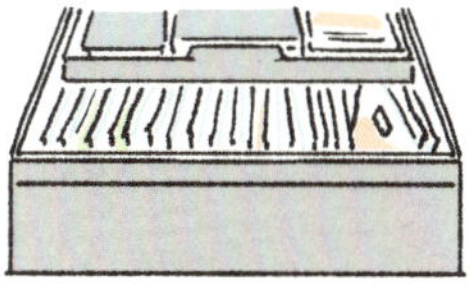

冷凍室のジッパー付き密閉袋も立てる!

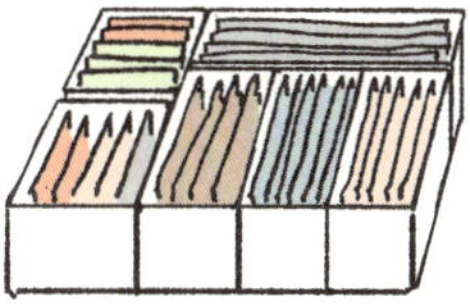

袋ものの食品(ふりかけ、削りぶしなど)も立てる!

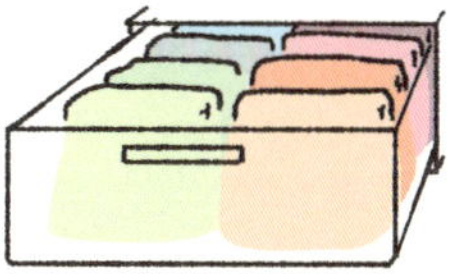

衣類も立てる!

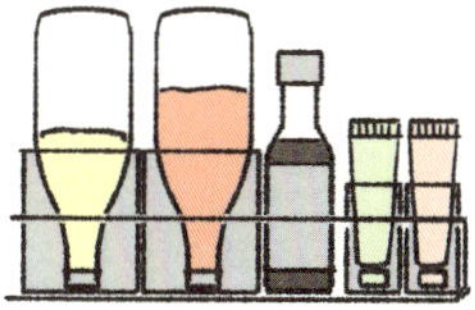

細いビンやチューブ類(マヨネーズ、わさびなど)も立てる!

書類も立てる!

「美しい収納」も維持できなければ無意味です

人は生きているかぎり絶えず変化します。なのに所有しているモノが変化しないままだと、人とモノとのあいだにズレが出てきます。それを放置すると「遅れた家」となります。時間がとまったような、使いにくさだけが残った空間です。さらに高齢になってくるとモノの新陳代謝が加速度的に鈍ってきます。家族が減っても大家族だった時のモノが各部屋にそのまま、という家も珍しくありません。

たとえば、外国製の重い鍋。中高年のお宅では、ほとんど活用されていません。なぜなら歳をとると重すぎて使わなくなるから。でも高価だったから、思いきって処分する勇気もない。キッチンの棚にはカラフルな鍋がオブジェのごとく、放置されています。使わないという時点で、この鍋はもう過去のモノ。そのうち捨てる体力もなくなります。

「その鍋は、肝心の〝今〟に必要ですか？」。それを自分に問う作業が、片づけです。これから生きるうえで本当に使うモノ、「レギュラー」を選び「レギュラー」だけを選んで、しっかり循環させて暮らす。歳を重ねてきたらベンチ入りのメンバーを使う機会は、もう、おそらくないと思っていいでしょう。管理する頭と体力が追いついていかないのです。

つまり片づけとは**モノをどう収めるかではなく、どう持つか**。循環と在庫管理が肝。たとえ美しく収納しても、それを維持できなかったら意味がありません。「モノが多いのはなぜか」「サッと出し入れしにくいのはなぜか」を考えて、持続可能な流れを作ること。

淀みが流れるようになれば、それはあらゆる場所に波及していきます。目に見える所が整えば自信がうまれ、人間関係もよくなっていく。

何歳から始めても、メリットがどんどん派生していくのが片づけの魅力です。

バラけやすいモノ、形が不安定なモノは「紙袋の仕切り」が便利

紙袋はモノを運ぶだけの用途だけでなく、簡単な「枠」として活用できます。紙袋の取っ手を内側に折り込むか切り取るかして、高さ（収納する枠の高さ）を決めて内側に折り込み、仕切りとして使います。形がそろわないモノも柔軟に仕切れるうえ、汚れたら気軽に捨てられるのも便利。枠としてよりしっかりとした形にしたい場合は、中にブックエンドを仕込んでも。

子どもにお片づけをお願いする時のコツ

子どもに「取り出す」「しまう」の流れを作ってあげるのは親の役目。たとえば子ども服はマスキングテープでアイテムのマークを作り収納場所に貼ってあげると、子どももひと目でわかって自分でしまいやすいのです。おもちゃも同様に。

やさしい人ほど決められない

片づけのお手伝いにうかがうお宅。クライアントの奥さまからよく聞くのが「私、捨てられない人なんです」という言葉。捨てる勇気がない。家族に相談しないと、と遠慮していらっしゃる。きっと、やさしい人なんだなあと思います。根底にはモノを大事にしようという気持ちがあります。ふちの欠けたカップも「いつか植木鉢になるわ」ととっておく。別の面で考えると完璧主義者であるとも感じます。なぜなら選択、決断をするということは失敗の可能性もあるということだから。「捨ててしまったら後悔するのでは」、「もったいないことをしてしまった」など。優柔不断タイプはいつも100パーセントの正しい選択を求めていらっしゃるのでしょうね。

片づけは「捨てる」ことが目的ではありません。大事なモノはどれかを「選ぶ」、そして「優先順位をつける」作業です。そうお話しすると「捨てる」という怯えから解放されるのか、少しずつ手が動いてくるクライアントさんが多いのです。そしてもし「捨てる」作業が苦手なら、やたらにモノを家の中に「入れない」気持ちを強くしたいもの。友の会の創立者、羽仁もと子は**「3度不自由してから買いなさい」**と言いました。さあ、どうでしょうか。不自由していないのに、うっかり買う。この行動に慣れていないでしょうか。

やさしい人は、区分けしたり、断ったりするということが苦手。お話を聞くと、ふだんの行動にも表れているように思います。たとえば人づきあい。嫌われたくなくて、つい、いい顔をしてしまうため、こまごまとしたつきあいに忙しい。自分が今、何をすべき時なのか？　時間の区切りがあいまいなので、友人や家族に予定を合わせすぎて自分の時間を失ってしまっているようです。

やさしい人は片づけに限らず**「枠」と「ゆずれない軸」を生活の中で意識する**ことで、自由になれるのではないでしょうか。

出し入れ簡単！「ひと手間」蛇腹ファイルの作り方

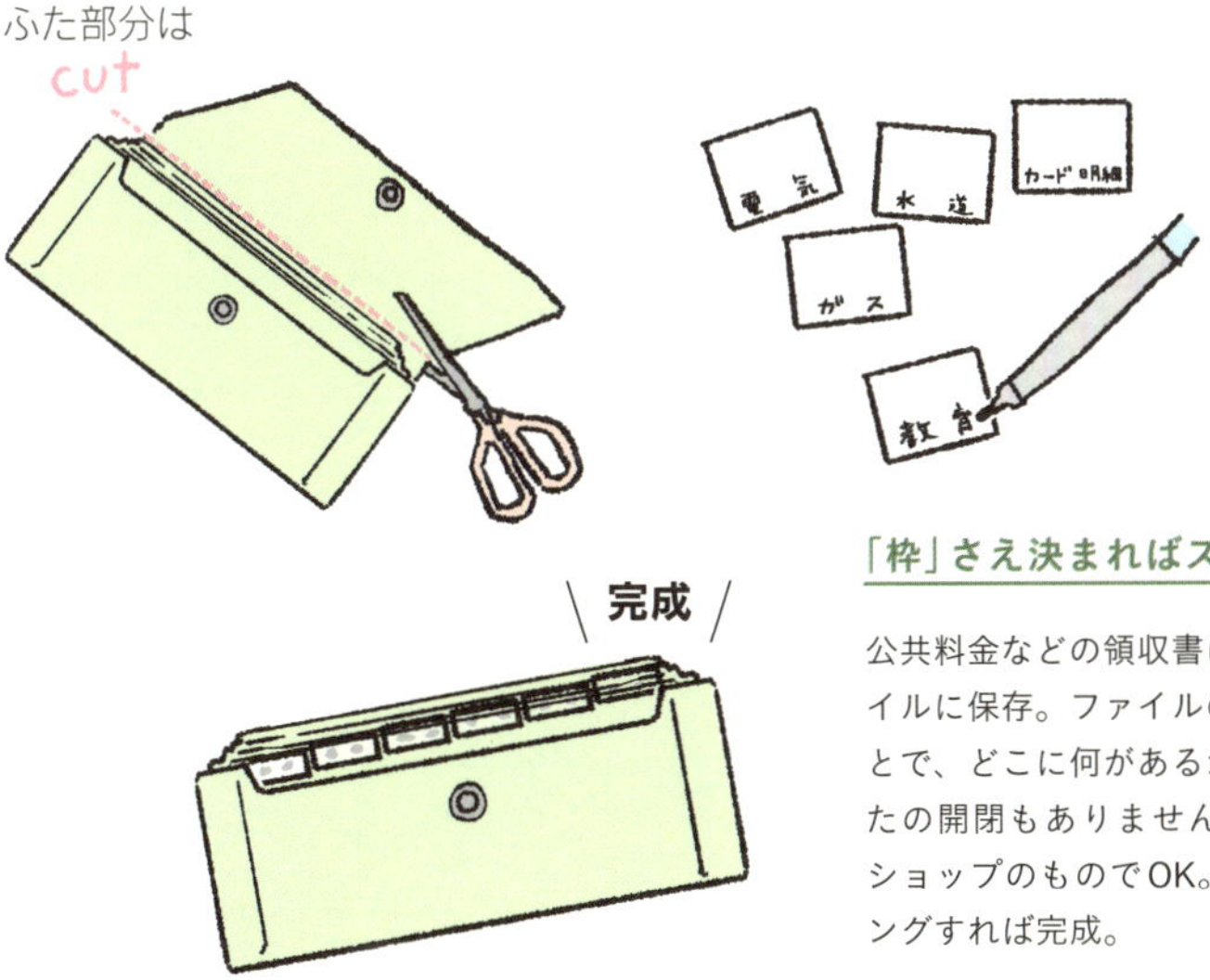

「枠」さえ決まればスッキリ収まります

公共料金などの領収書は、ふたを切った蛇腹ファイルに保存。ファイルの項目をこまかく分けることで、どこに何があるか一目瞭然。めんどうなふたの開閉もありません。蛇腹ファイルは100円ショップのものでOK。ふたをカットし、ラベリングすれば完成。

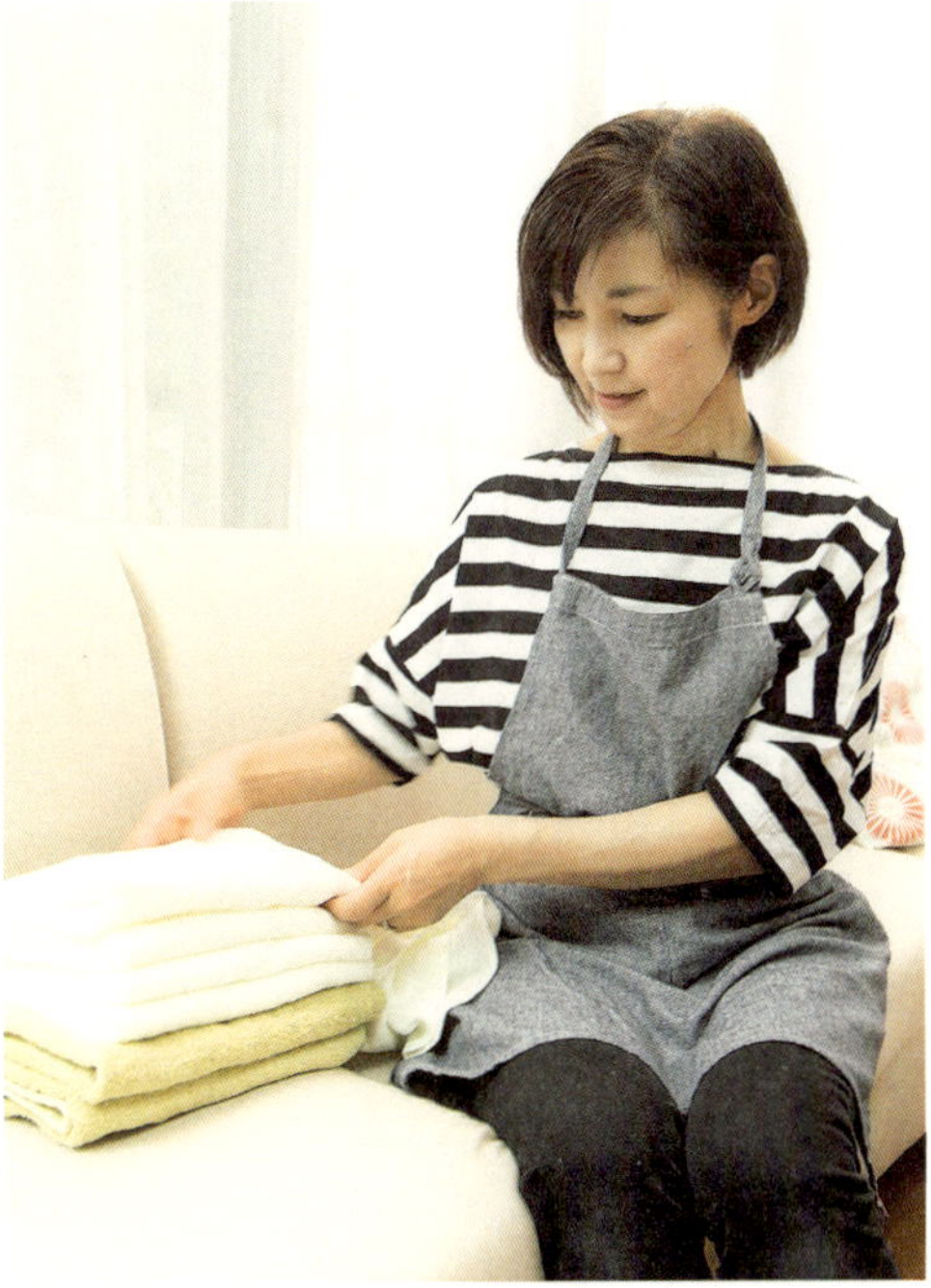

「柔軟剤はいらない」小さな決断ではありましたが

柔軟剤による香害が問題になっているようです。人工的な香料で体調不良になる人も。大切なのはフワフワよりも家族の健康、使っていなくてもとくに不便はありません。

「カプセルシート」で安心な1年を過ごす

先日、実家の母が入院した時に困ったのが「どういう保険に入っているか」。ほかにも、パスワードは何？ 暗証番号は？ と聞きたかったのですが、具合の悪い人に聞き出すのはひと苦労でした。

このような状況は親世代ではなく、もはや自分たちも当事者です。もし私に突然何かがあったら、夫や子どもたちが右往左往。そんな事態を避けたくて思いついたのが「カプセルシート」です。「A４」の紙1枚に自分自身の簡単なメモをまとめたもの。エンディングノートというと縁起でもない、さみしい感じがしますが**「私の覚え書き」**といったような位置づけです。カプセルのようにコンパクトにしたものだからカプセルシート。あれもこれもと欲張らず、紙1枚か2枚におさめるからこそ、気軽に書き出せます。箇条書き程度なら、読む人の負担も減らせるのではないでしょうか。

私はこれをパソコンで書いて、プリントし、家の権利証といっしょに、いちばん重要な書類入れにしまっています。そしてそのことを夫に伝えています。カプセルシートをどこにしまってあるのかを家族と共有することもとても大切。病気や事故のほか、台風や大雨、地震などいつ何があるのかわからない。家族と急に連絡がとれなくなることを想定して**「最低限の引継ぎ連絡」をしておくと自分の心の負担も減らせます**。

私たちにはこの世に与えられた命の始めも終わりもコントロールできないことは百も承知ですが、祝福される誕生に比べ、終焉を想定することはせつないものです。これまで「今」を大切に生きることばかり考えてきましたが、この歳になり、学生時代の友人を突然亡くすなどやがて訪れる「その日」を意識することも増えました。

気軽なメールやSNSでは伝えられない大切な伝達事項。誕生日など、情報を更新する日を決めて、毎年見直していきたいと思っています。

私の覚え書き（カプセルシート）書き方の例

更新日：毎年誕生日

氏名
生年月日・出身地
血液型・病歴
家族・家系
職歴
所属団体
資格

好きなもの
好きな時間

資産（不動産・銀行暗証番号・株など）
各種保険
各種パスワード

万一の時の
連絡先

臓器提供意思
お別れの形式

伝えたいこと
その他

最近の写真

私自身の記入例です

私の覚え書き（カプセルシート）

更新日：毎年誕生日

氏名	井田典子
生年月日・出身地	1960.2.26　広島市
血液型・病歴	O型・なし
家族・家系	夫・長男・長女・次男
職歴	東京海上火災保険広島支店・ニッポン放送ライター
	クリエイト英語教室・学研教室
	著書『「引き出し1つ」から始まる! 人生を救う 片づけ』2018
所属団体	横浜友の会
資格	中学校教諭二種免許状（英語）・整理収納アドバイザー1級
	自動車免許（中型）
好きなもの	新緑・沈丁花の香り・白い花・赤ワイン・広島東洋カープ
好きな時間	模様替え・片づけのお手伝い・サンルームで読書
	夫と映画・山登り・広島東洋カープの応援
資産（不動産・銀行暗証番号・株など）	
各種保険	
各種パスワード	
万一の時の	
連絡先	夫（XXX-XXXX-XXXX）
	実家（XXX-XXXX-XXXX）
臓器提供意思	あり
お別れの形式	教会形式で新聖歌251・510を流してください
伝えたいこと	家族友人、すべての方に感謝を。
その他	できるだけ簡素に。
最近の写真	

「伝達」をすませると心がラクになります

カプセルシートは大きく２つの項目にわけます。１つ目が自分自身のこと。経歴や持っている資格、趣味など自己紹介を。２つ目が事務的な伝達。資産やその保管場所、お葬式の希望、遺影用の画像や写真など、いざという時に家族が困らないようにまとめておきます。

3人3様、子どもたちの独立

子育てと趣味の山歩き。「頂上が見えない時がいちばん苦しい」という点では似ています。

長男が学校に行かなくなった時。同じ家にいるのに、2階にいる息子とは携帯でしか連絡が取れませんでした。おなかはすいているだろうと食事をテーブルに置いておくと朝にはカラになっています。その食器を見つめながら、いくら子どものことを思っても子どもは自分の道を行くのだということを感じ、心が塞がれました。

長女にも反抗期がありました。「ママだけが、がんばっているような雰囲気をまきちらさないで」という痛烈な言葉は今でも覚えています。それだけ、当時の私はいっぱいいっぱいだったのでしょう。子どもたちはきっともっと母親に甘えたり話しかけたりしたかったのに、「話しかけないで」というオーラを出していたのだと思います。現実派でハキハキとした長女は、学生時代に短期の語学留学に行ったことをきっかけに国際結婚。2児の子育てと仕事を両立しつつ「バタバタしない、イライラしない」様子は、わが子ながら感心します。

3人の子どもの中では一番順調と思っていた次男も進路に揺れましたが無事、就職も決まりました。「部屋を片づけている時のママは楽しそうだね」。小さい頃に次男が言ってくれた客観的なひと言が、今の仕事にもつながっています。

30年におよぶ子育てはやっと「見晴らしのいい場所」にたどりついたという安堵感があります。かつて、子育ては毎日の「テスト」だと思っていました。今日はうまくいった、いや、いかなかった。短いスパンで考え、一喜一憂していました。でも振り返って思うのは「なにも母親ひとりがしゃかりきになって子育てをしなくてよかったんだ」。親の役割とは先まわりして声援をするのではなく、**子どもの後ろ姿にエールを贈ること**――反省をこめてそう、感じます。

「子どもの時間に引きずられない」ことをルールに

子育てが負担になる原因の1つに「子どもの時間に合わせる」「子どもの帰宅を待つ」ということがあります。人は自分の予定が乱れること、ペースが作れないことにストレスを覚えます。それがたとえかわいいわが子であっても……。わが家では19時には夕飯、23時には就寝と生活の「軸」を決め、不規則な時間になりがちな子どもの食事は別途食卓に用意していました。

「胃袋だけはつながっている」そう信じて続けたお弁当作り

いったい何個のお弁当を作ってきたのだろう。子育て中の朝は、3人のお弁当をどうするかで頭がつねにいっぱいでした。お弁当をきれいに食べてくれるということは、母親である自分を拒否していない証拠。そんなふうに思うことで、心のよりどころにしていたように思います。

会話がない時もあったけれど、今ではなつかしい思い出

誕生日やクリスマス。折にふれて子供からもらってきたメッセージカードや手紙は宝物です。親にまだ甘えたいのに、つい反抗してしまう時期。「いつもありがとう」というたったひと言に、当時の自分はどれほど救われたでしょう。

60代からの生き方を見すえ、2世帯住居へ

リビング、ダイニング、キッチンがひと続きの1階フロア。ダイニングテーブル以外は前の家からすべて持ってきました。モノを少なくして暮らしていたので段ボールは30箱、引っ越し代は6万3000円ですみました。これは1軒家の引っ越しとしては、とても安くすんだそうで、その荷物の少なさに引っ越しの業者さんが驚いていました。そのかわり、ピアノの輸送には13万円もかかったのは予想外の出費。2階にあったので窓からクレーン車を使って吊り上げて運び出したためです。次男がどうしてもピアノが欲しいと、小さい頃からせっせとお小遣いをためて買った中古のピアノ。今度は孫たちが弾くことになるのでしょう。

長女が結婚した相手はカナダ人。身長が192センチもあるので日本のコンパクトなマンションでは住みにくいようでした。「ここなら、天井も高いしのびのび暮らせそうなんだけど」と長女が見つけてきたのが築25年の戸建てでした。間取りは2世帯住居用。私たち夫婦が躊躇《ちゅうちょ》しているあいだに、娘の主導で話がどんどん進みました。孫たちと暮らせる楽しみはありましたが、現実的に考えて「資金」のことは頭の痛い問題でした。住んでいた家を売却しても、新居を購入するには不足。老後用にプールしていた貯金をくずし、リフォーム工事も最低限に。長女に打診されてからわずか3か月で、新居に引っ越していました。

LAYOUT

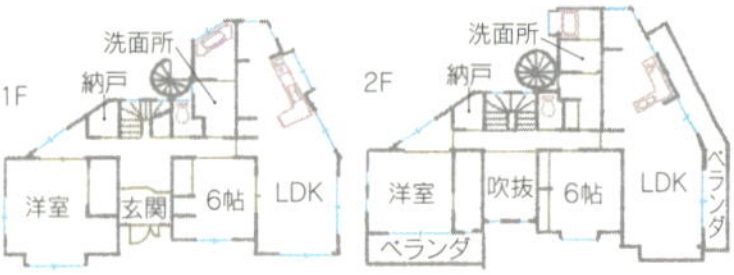

三角形の土地に立つ高台の戸建てが新しいわが家です。3Fスペースには屋根裏とバルコニーがあります。1Fが私たち夫婦、2Fが娘夫婦の生活の場。たがいのプライベートを大切にするには、本当は玄関もそれぞれ分かれているのがベストでしたが、リフォームするとなると多額の費用がかかるのでやめました。でも住んでみると、玄関が同じということは宅急便の受け取りが便利。どちらかが不在でも確実に受け取れるというのは、思いのほか安心です。1Fの私たちの空間は、できるだけシンプルに。2Fの娘夫婦の空間は、IKEAの家具を使ったシックな北欧風。

LIVING & DINING ROOM

右のレンガっぽい壁はじつは「レンガ風の壁紙」です。カフェっぽい雰囲気にしたくてここだけ手を加えました。キッチンから続くダイニングは夫婦ふたりの食事の場所。娘夫婦が食事におりてくることはめったにありません。孫がおやつを食べにくることはありますが……。2世帯住居とはいえ、公共料金も食費もまったく別。「必要な時にはサポートしあう」ほどよいスタンスでやっていけたらと思います。

リビングの隣にある和室は、ゲストが来た時用の部屋。もともとモノが少ないので和室に置くモノもないし、ガランとしたままです。同居の娘がヨガのインストラクターだったのでたまに教えてもらう場所になるのかも。

リビングではパソコン作業が日々の必須です。これはNHKの取材で北欧に行った時に買ってきたパソコンのすきまを掃除するブラシ。やわらかいブラシとかたいブラシがあって、ホコリをしっかりかきだせます。ブラシの毛はワイヤーで留められているので、毛落ちがないのがすばらしい。北欧雑貨の機能美に感心しながら愛用。

KITCHEN

キッチンまわりと浴室まわりはリフォームをして新しいものに入れ替えました。このシステムキッチンはベーシックなタイプです。今のシステムキッチンは、こまかい引き出しがついていないことに驚きました。大きな引き出しばかりで、開ければすべてが見渡せるのです。歳を重ねると「どれを、どこに入れたっけ」ということが覚えられなくなるので、とても便利だなあと思っています。

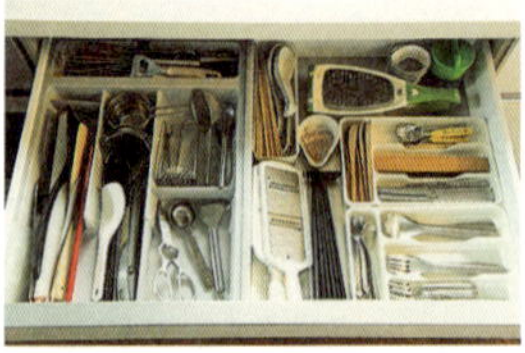

シンク下すぐの引き出しは調理グッズやカトラリーを。ちなみに、ふだん使うお箸はすべて黒。家族5人で暮らしていた時はそれぞれ色別にしていましたが、そろえるのがいちいちめんどうでした。そして箸を同色にするという「食堂方式」にしたところ、これがとても便利！　いちばん忙しい時間にムダなことをやっていた、と思うのです。

シンク下の引き出しには調味料やラップ、ホイル、そして鍋類などを。引っ越したばかりなのでスペースが余っている状態です。みりんやしょうゆなどのボトルのふたには、「み」「し」など「何が入っているか」がひと目でわかるようにマジックペンで大きく書いています。

シンク上の吊り戸棚。鍋帽子®や密閉容器などよく使う調理グッズはいちばん下、手の届きやすい場所に。もっと歳を重ねたら、最上段は「最初からなかったスペース」として完全に空ける予定。背伸びした時に足もとがふらついたり、手もとがあやうくなってモノを落下させたりと危険が増えるからです。じょじょにすきまを増やして「ないことに慣れる」ようにしていきたいと考えています。

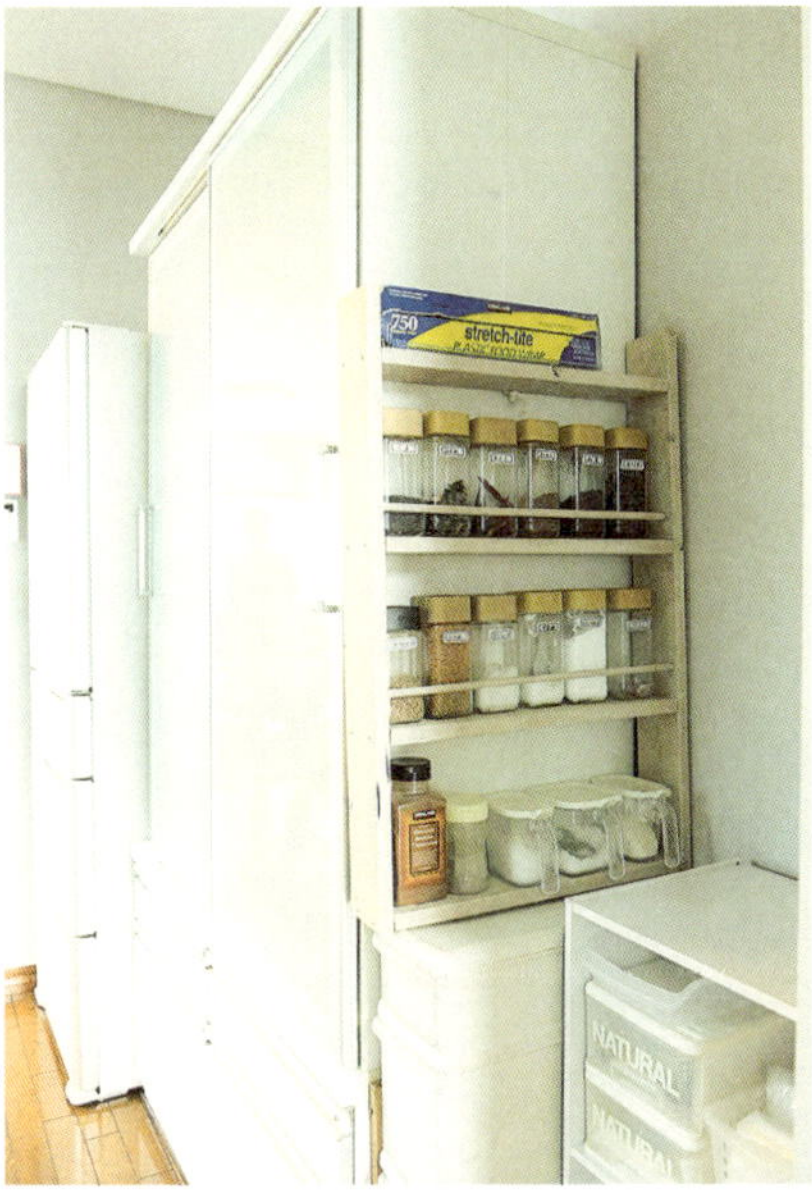

シンクの真後ろは食器棚。食器棚の隣には調味料ラックを設置。前の家から同じ配置で運び込んだので戸惑うことなく動線もスムーズです。「場所を決めれば、同じ場所に戻せる」。それが片づけの近道なので、それぞれのモノはいつも定位置をキープ。

食器はすべて食器棚1か所に集中させて、すべてをまんべんなく使うことが大切。わが家の食器はここに集中。白い食器をベースに家族用もゲスト用もまとめてしまっています。下の引き出しは、文房具やレシピ、取扱説明書ファイル、書類はジャンル別にして投げ込み式です。

冷蔵庫は新しく買いなおしましたが、中に入れるモノの配置や量は同じ。1度買い物に行ったら冷蔵庫の中身をすべて使いきり、中の棚を一度さっぱりと拭き上げて清潔にした状態で、次の買い物に行くようにしています。腐らせたことはないので、庫内の防臭剤も買ったことはありません。

小麦粉や米、乾物は「下の引き出し」に入れるのが基本です。なぜなら、乾物類は湿気や熱が苦手。キッチンでは湿気や熱が上のほうにたまりやすいからです。ストックはここに入るだけを持つようにしています。

リビングからダイニング、キッチンを見通した風景。本来、キッチンとダイニングのあいだに仕切りがありましたがリフォームで取っ払い、ひろびろとした空間にしました。キッチンの奥は東向きの勝手口。朝日がさしこむ明るいスペースです。

ENTRANCE

玄関スペースはリフォームせず、そのまま活用。大きなシューズボックスは娘一家のもの、小さなほうは私たち夫婦のものと分けています。私たちのシューズボックスは左が夫、右は私。ここのスペースに入る分の靴しか持ちません。

引っ越しの際に考えたことは、「娘夫婦に家計のサポートはできないけれど、暮らしのサポートはしてあげたい」ということでした。カナダ人のお婿さんが言うには、カナダでは結婚したあとに実家を支えるという思いは、ほとんどないそうです。自分たちは自分たち、親は親として独立関係なんだそう。だから日本のように結婚後も実家と交流があり、しいては「めんどうまでみる」という私たち日本人の意識に驚いたとのこと。「日本に永住する自分にとっては、義理の親のあなたたちが本当の親のようになる。いっしょに暮らせてうれしい」といってくれたことに、心あたたまる思いがしました。

家を離れて暮らす実の息子たちにとっても、この引っ越しは大きな転機になるはず。もう、前の家のように自分たちの部屋はありませんから、半ば強制的に「独り立ち」。今後も支えはするし、たまに泊まりに来てもよいけれど、あなたたちの人生を歩いてね。そんな親の思いをくんでくれたらいいのですが。

BED ROOM

夫婦の寝室にはワークスペースがあり、ここで読書をしたりアイロンがけをしたりしています。リビングからお風呂やトイレ、寝室と同じフロアですべてつながっているので移動が便利。部屋数も少ないので「食べて、くつろぐ」というシンプルな動作で日々、過ごせるのがこんなにラクなのかと感じています。

前の家は小さな戸建てでした。1階にリビング、ダイニング、キッチン、そして和室。2階には子ども部屋と夫婦の寝室。毎日、1階と2階を行き来しながら暮らしていました。

それが新居では、1階フロアだけで、私たち夫婦の生活が完結します。その便利さは、想像以上でした。2階からは娘夫婦が暮らす気配が聞こえて安心。「今、食事中かな」「孫は寝たかな」今のところ、近すぎない距離でお互いに生活できています。

しばらくはそれぞれの独立した生活をしながら必要に応じたサポートができるいい関係を築きたいと思います。

ATTIC

3階の屋根裏部屋はグリーンの壁紙と梁が特徴的な小さな個室。「アルプスの少女ハイジ」や「赤毛のアン」に出てくるような雰囲気。お婿さんがここをひと目見て、とても気に入ったのが購入のきっかけにもなりました。いずれは孫息子の部屋になる予定です。

BALCONY

小さいながらも外を見渡せるバルコニーがついています。引っ越したばかりなのでまだあまり使っていませんが、風に吹かれながら遠くの景色を見やるひとときに癒されます。

夫は人生という山歩きの同伴者

大変だった子育てが終わり、今は夫婦で「見晴らしのよい場所」に

山歩きの醍醐味は、急に視界が開ける瞬間です。神奈川県にはたくさんの自然があります。心が洗われる景色が見たくて休日の山歩きが待ち遠しい。

夫は高校の同級生。23歳同士でままごとのような家庭を持ってから35年の月日がたちました。

とくに趣味や特技もなく、家で仕事をすることの多かった私に「たまには外の空気を吸ったほうがいい」と夫が連れ出してくれたのが山歩きでした。

山ではすれ違う時に登りの登山者に道をゆずります。自分も通ってきたつらい登りの道。その荒い息づかいが理解できるようになった今、下の世代をサポートしてあげたいと自然と思えるようになりました。人生の下り坂にさしかかり、これまで見えなかった逆の景色を楽しめるようになりました。

長い付き合いではありますが、2つだけ心がけていることがあります。1つめは、夫との朝食の時は最低限の身だしなみを整えること。向こうは視界に入っていないかもしれませんが……。2つめは出かける際、「いってらっしゃい」のハグをすること。出かけたあと、2度と会えなくなったとしても心残りがないようにという思いからです。

人生の稜線をひとりではなく、ふたりで見られるという安心感と幸せ。連れ合いへの感謝が増すのも歳を重ねて得られる恵みだと感じます。

人間関係はゆるやかな「だわへし」でラクに

片づけの基本は「だわへし」です。「出す」＝（すべての総量を把握する）「分ける」＝（種類ごとに分ける）「減らす」＝（不要なものを減らす）「しまう」＝（あるべき場所に収納する）この4つのステップでスッキリ片づいていきます。

日常がモヤモヤしている時、この考えを当てはめてみると意外と視界が開けて来ることがあります。たとえば人間関係。今はSNSでも多くの人との「つながり」がありますが、そのつながりは本物でしょうか。そして必要でしょうか。もしかすると、家の中にあって何年も使っていない「死蔵品」のように、うまく活用できていない、**ただ「所有しているだけ」の存在ではないでしょうか。**

モノの場合もそうですが、所有しているだけでも、私たちは「管理しなければ」という義務を感じ、エネルギーを取られます。あまり親しくない人でも連絡が来れば返信しなければと思う。

この年代になると、人間関係も覚えていられる範囲で、と思います。多くを抱え過ぎず、モノも人も定番の「レギュラー」に囲まれて過ごしていきたいと考えています。

スマホの連絡帳を時々チェックしてみる

どんな交流の仕方なのか（趣味、仕事など）仕分けを

思い出せない連絡先は整理する

人間関係が手一杯なら自分が囲める「枠」内での交流でよし、とする

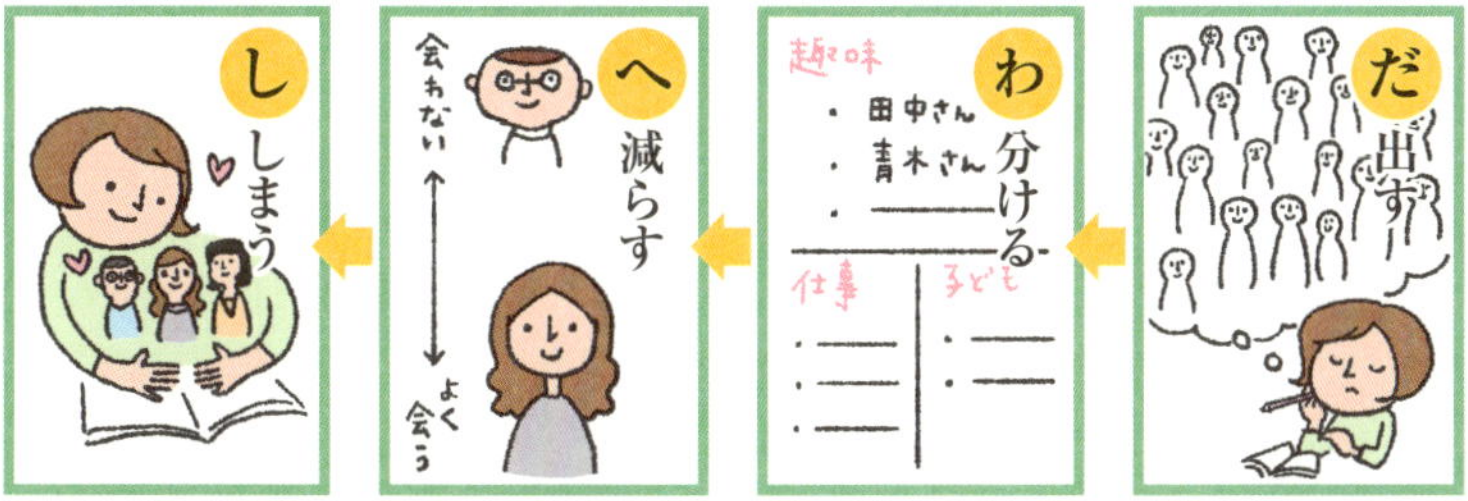

家の中にある「モノ」もつきあう「人」も

人間関係は流動的ですが、自分にとって大切な人を「選ぶ」という感覚で定期的に見直してみます。ざっくりと人間関係を俯瞰《ふかん》してみると、優先したい人たちが浮かびあがってきて、自分の心や時間の使い方がクリアになっていくように思います。

家族で分担、5日間でできる大掃除計画

	父	母	息子	娘
12/26		浴室ドア		
27			勉強机	
28				洗面所
29	照明器具	玄関まわり	窓・サッシ	
30				
31	完全オフ			

年末の大掃除は1日ですまそうとすると大仕事。腰も重くなりますね。以前、NHKの番組で紹介したのが12月の26日から30日までの5日間で終わらせる方法。30日までに終わらせることで、31日は自由に使え、それを目標にがんばる気持ちになれます。

わが家では31日に映画を観に行ったり、そば打ちをしたりしてゆったり過ごすのが定番。

やり方は家族それぞれの名前と日にちを入れた表を作り、掃除をする場所を付箋などに書き出します。そして掃除場所を分担して、それぞれの枠に貼っていけば、自分の分担が明確になり、またいつやれば良いかもわかりやすくなるのです。

ポイントは、
・できることから書いていく
・31日は完全オフにできるように計画的に決める
・困難なことは潔くあきらめる

たとえば換気扇の油汚れは夏場のほうが落としやすいもの。今年の冬は見送って、来年の夏にやると決めておくというのも1つの考え方です。ちなみにわが家では毎年「海の日」に換気扇掃除をすると決めています。

目指すのは「整った暮らし」と「安心な家」

CHAPTER 2

新婚時代は、おしゃれでこぎれいな家に。子育て中は収納たっぷりで少しでも広い家に。人生のステージごとに住みたい家のイメージは変わっていきます。「老後」が視野に入ってきた今、求めるのは「ムダのない、整った暮らしができる家」、そして「安全が実感できる家」。人生の残り時間を考えていくと「あれはどこ行ったっけ？」というモノ探しに費やす時間はなによりももったいない。そして自然と家の中で過ごす時間が増えるので、つまずいたり転んだりしない家、「安心、安全な家」を目指したいのです。

節目ごとに大切なことを見直して溜めない

日々の買い物、もらい物。あっというまに家にモノがあふれていきます。

漏斗を想像してみてください。たくさんのモノがいともたやすく入ってきますが、出口が小さいと、代謝が悪くなります。人間の体で考えても、食べた分だけ排出しないと太ったり、便秘になって消化不良をおこします。最初は何かに役立つと思って、気軽に買うのですが、あっというまに使わなくなり、ガラクタとよばれるモノに格落ちします。

片づけが苦手な人は「モノと敵対関係」になりやすいと思い「要らないモノが多すぎて」「邪魔なのに捨てられなくて」とモノのせいにしがち。最初からガラクタを買ったわけではなく、ガラクタにしたのは私たち自身なのに、そのことは深く考えないまま都合よく暮らしていきます。

モノを買う時は、使いきるか処分するかの責任をとる覚悟を持って買う。その責任をとらないからモノが増殖して手に負えなくなります。

左ページの上の表のように私たちの人生はそのときどきでいつも手いっぱいです。**「いつか片づけよう」と先延ばしにすると、次の人生ステージで、またやるべきことに追われ、できないまま。**1日、1年、そして5年という枠。その枠で大切なことは何かを理解すれば、何を持てばいいのかも見えてきます。節目ごとに見直す習慣をつけたいものです。

主婦の一生も時間という「枠」

主婦でいられる時間も無限ではありません。いつかは終わりがきます。そう考えると、家の中のふき掃除も、モノを定位置に戻す片づけも、家計簿づけも、毎食の献立作りも有限だという感覚がうまれ、不思議と前向きになっていきます。そう思うのも歳を重ねてきたからでしょうか。

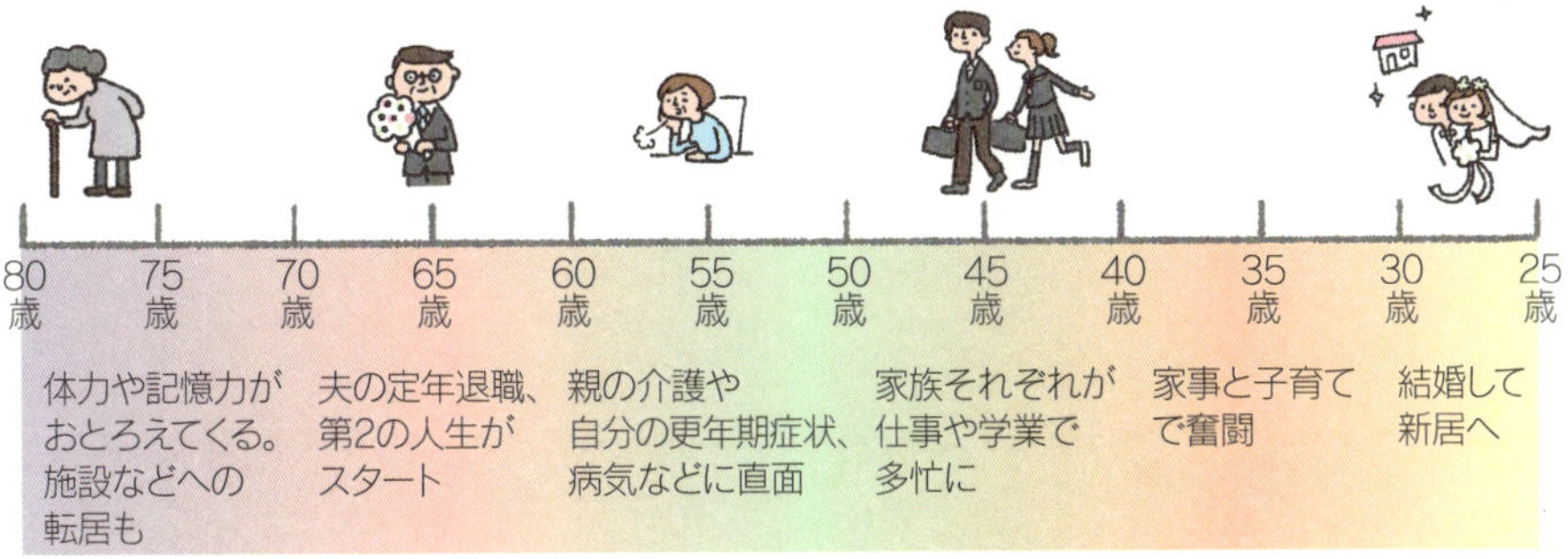
80歳
75歳
70歳
65歳
60歳
55歳
50歳
45歳
40歳
35歳
30歳
25歳
体力や記憶力がおとろえてくる。施設などへの転居も
夫の定年退職、第2の人生がスタート
親の介護や自分の更年期症状、病気などに直面
家族それぞれが仕事や学業で多忙に
家事と子育てで奮闘
結婚して新居へ

年代のステージごとに片づけのハードルは上がります

歳を重ねるにつれ、失うものと得るものの両方があることに気づきます。体力は減っていきますが、精神的な豊かさは増していくのではないでしょうか。人生の節目ごとに抱えるもの、手放すものも変化。その都度、要・不要を見直していくことで、次の人生ステージへ身軽に移行できると思います。

本の収納は「リビングの一角」や「本棚の上段」など枠を決めます。読み終えたら古本屋さんへ。

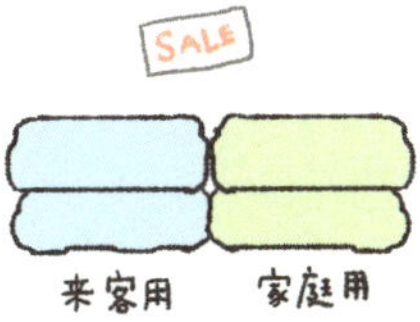
SALE
来客用
家庭用

タオルは使い心地が悪くなってくるので年に1度は見直します。「来客用」「家庭用」を各4枚ずつ、上質のものをセール時に購入。使い古したタオルは盲導犬の訓練所に寄付しています。

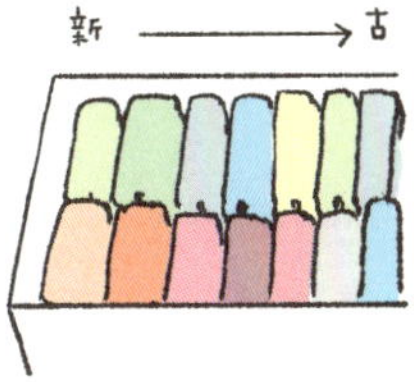
新
古

洋服だんすや引き出しには着た服を左から戻すクセを。右側は自然と見直しの対象に。リサイクルショップに持って行って値がつかなくても引きとってもらいます。資源ゴミに出してもウエス（使い捨て雑巾）として活用されます。

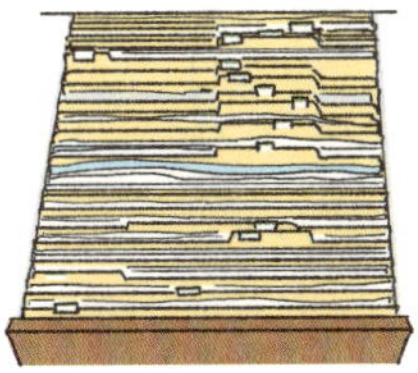

書類は年月ごとにしても探しにくいので必ず「テーマごと」にフォルダーに投げ込み式。「教育」「レシピ」「家計」など自分にとって興味のあるカテゴリーに分け、定期的に要・不要を見直してフォルダーがパンパンにふくらまないように。

片づけの最大の敵は「思い出」モノの整理の前に心の整理を

洋服や本、家族の写真。記憶や思い出にまつわるアイテムは片づけにくいもの。捨てるということは、過去の思い出と決別することですから、せつなさを感じてしまうのです。そういった思い入れのあるモノの少ない場所から片づけるのもテ。たとえば浴室、キッチン、玄関。裁縫箱や薬箱など、事務的にサクサクと手を動かせる小さな場所から手をつけるのがおすすめ。心が整理できていないと、モノの整理も進みません。

遠く、深く、悩ましい。実家の片づけ問題

ともに80代の両親が暮らす広島へは2か月に1度、新幹線で帰省しています。体の不調を訴えながらも、がまん強いふたりはヘルパーさんも呼ばず、寄り添いながらの自立した生活。とはいえ、少しずつ弱ってきており、無理をしていないか、ゴミは溜まっていないかと遠くからの心配はつきません。

帰ってまずやることは片づけの手伝いです。ふたりとも、いわゆる「捨てられない」人。母も「友の会」に60年間在籍しているのですが、月刊誌「婦人之友」をこれまで1冊も捨てていません。つまり720冊、保管されているのです。書庫はとっくに容量オーバーして廊下の壁面にも並んでいます。母としては「捨てること」イコール「粗末にする」という認識です。でも「活用していないことこそ、粗末にしていると思う」……そんな私の思いを押しつけるわけにはいきません。無事に安全に暮らせるよう、見守るしかないのではないか。そんなことを思うのです。

父にしても、新聞を2か月前のものからずっと床に置いています。全部目を通さないともったいないから捨てられないと言うのですが、毎日来る新聞2誌をチェックするだけでも手いっぱい、さかのぼってしっかりと読み通すことなどムリとわかっていても、処分するには躊躇します。

なぜなら教師だった父にとって、新聞は社会とのつながりであり、新聞を読んでいるということが父自身の大切なアイデンティティのようにも思うからです。

体力がなくなるにつれ、判断が先延ばしになります。どこに何をしまったかを覚えていられなくなります。そして保管する量が多いほど、いつも探しものばかりしているその姿は、わが親ながら気の毒に思います。そこをなんとかしてあげたい。せめて、安全に暮らせる家になるようサポートしていきたいと切実に思います。

父のベッドルーム
地震でもあったら大変です

ベッドまわりに堆《うずたか》く積まれているのは、父いわく「重要書類」。定期的にここの「山」を切り崩して、中身を精査するのが私の役目。たとえば保険証券は外封筒や約款を捨て、証券1枚ペラだけにして保存。自動車保険も生命保険もすべて、番号が書いてあるペラ1枚を保存するだけで、かなり紙モノは減ります。

ウォークできない
ウォークインクローゼット

奥へとウォークできない、ウォークインクローゼット。倉庫がわりになりやすいので、洋服や日用品のストックでパンパンになりがち。足もとのスペースだけでも広げたいところです。

実家の片づけは
3ステップで

1.親の困りごとをヒアリング

長年暮らしてきた自分の家をいきなり片づけられるのは、それがわが子だとしてもイヤなものだと思うのです。親の要望を聞きつつ「安全に暮らして欲しいから片づけさせてね」と、あくまでお願いモードで。

2.小さなスペースから片づけて安心させる

歳をとると急な変化を怖がる傾向になると感じています。とくに自分の領域である家の風景や使い勝手が変わることを不愉快に思う人も多いように思います。まずはキッチンの引き出し1つ、玄関の棚1段などスモールスペースから開始を。

3.できるだけいっしょに片づける

「勝手に捨てられた」「必要なモノだったのになくなった」。そんな思いを親にさせてしまい、関係性がこじれるのは避けたい。もし片づけに立ち会える元気があるならば、そばにいてもらい、了承をとりながら作業を。

「安心」と「安全」のために
実家の片づけ５つのポイント

「重要書類」を行方不明にしない

高齢者の場合、重要書類（不動産権利証・マイナンバーカード・各種保険証券・通帳・実印など）は盗難にあうのを恐れて、引き出しの奥底にハンカチを巻いて隠したり、ふだんと違う場所に移動してしまうことがあります。そして移動したその場所を忘れるというパターン。重要なものほどコンパクトにして（外封筒・説明書・チラシを処分しておく）現在有効なものだけをわかりやすく保存します。場所を家族に周知しておくことが大切。「カプセルシート」（p22を参照）のような覚え書きを活用したり、また随時更新をして情報をまとめておくことが大切です。

「ゴミ分別」で混乱させない

複雑な分別収集が、ますますゴミや不用品の代謝を悪くしています。高齢者が実践するのは至難の業だと思います。歳をとるとモノを分別するのは非常に難しくなってきますし、捨てる場所までゴミをもっていくのも困難。家族やヘルパーがサポートしないと“ゴミ屋敷”化します。ゴミ分別表がわかりにくい自治体には、収集ゴミを毎日記入したカレンダーを配布してもらいたいと願っています。家庭ではゴミ箱のふたに収集曜日のシールを貼ったりして出し忘れを防いだり、家族でゴミ当番を分担するなど工夫したいもの。

「寝室」でケガをさせない

暗がりで寝起きをする寝室。夜中のトイレや災害時など、ケガの発生場所になりやすいのです。とにかく足元を広くあけて、スムーズに寝床から明るいところに移動できるようにします。家具やモノを積み上げないようにして、凹凸を極力なくしておきます。照明の電球は切れていないのかも定期的にチェック。

「クローゼット・物置」を開かずの間にしない

扉を閉めれば見えなくなる小部屋には、日用品や食品ストックなど「ちょい置き」が溜まりがち。こうして、消耗品のとりあえず置き場になると、在庫を把握しづらくなり、ますます溜め込むという悪循環に。トイレットペーパーはトイレに、洗剤はキッチンや洗面所に、それぞれ使う場所に収まるだけのストックにします。クローゼットに入れるのは洋服だけ。物置はコーナーごとに管理責任者を決めて家族が管理するようにします。

「冷蔵庫」はあふれさせない

歳をとると在庫確認がおっくうになり、つい店先で安売りをしているものを買って帰るようになります。するとたいていストックがあるので、きっちり回転させることができず、わざわざ古くして食べているという状態に陥ります。手の届きにくい上の棚はなにも置かないようにし、容器はすべて中身のわかる透明なモノにしましょう。乾物は溜めがちなので毎月１日にチェックするなどチェック日を決めます。

母の大切なモノは「楽しかった時の思い出」

毎年、夏に海外からのホームステイを受け入れていたので、逆に招待されることも多く、海外旅行を楽しんできた母。世界各地の「カエル」の置物や100冊以上のアルバムが人生の宝物。楽しかった過去の象徴は捨てにくいモノの筆頭。

父の大切なモノは「平和活動の記録」

「被爆地ヒロシマ」の語り部として外国人向けにも英語でスピーチや交流をしてきた父。関係団体や各地からの書類、手紙は父のこれまでの活動の証。処分がついつい先延ばしとなってしまっています。

実家の必須アイテム「薬箱」は、「のむ」か「貼る」かで分類

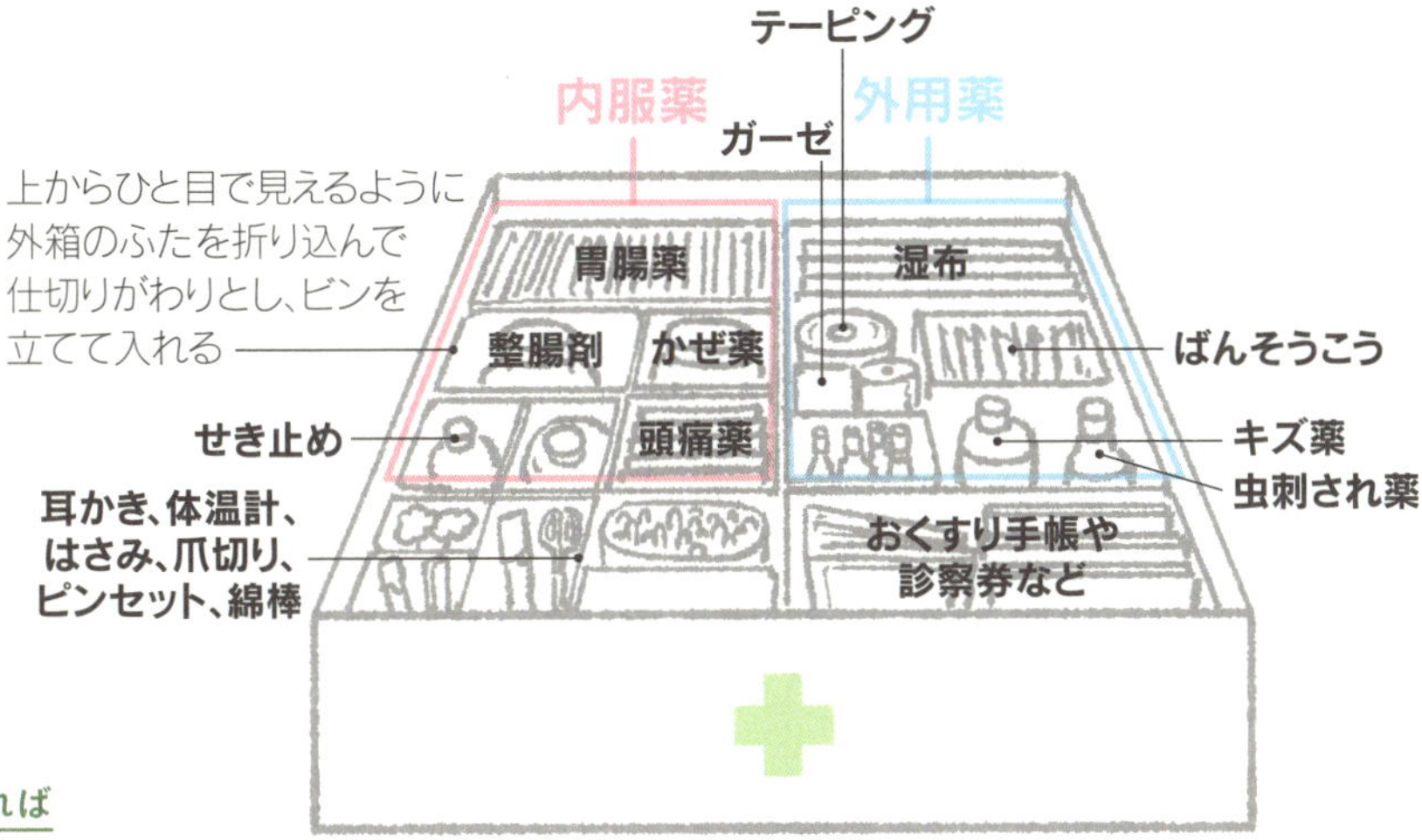

決めれば迷わなくなります

実家に必ずあるのが薬箱ではないでしょうか。高齢者にとってはなくてはならないアイテムです。ここの片づけは、片づけ初心者のいい学習材料。狭い空間をコンパクトに使いやすく区切るという練習になるからです。まずは外皮につける薬（外用薬）と、のむ薬（内服薬）をはっきり区分けするのが大切。以前に処方された薬の飲み残しは誤飲のもと。潔く処分します。

心の重荷を手放せば、家の片づけは加速する

ボランティアで訪れたのは、ご近所に住む4人家族のマンション。訪れた時、ふたりのお子さんを持つ洋子さん（仮名）はとても疲れているように見えました。12畳のリビングは洋服やおもちゃが床に置かれており、食卓には学校のプリントが雑然と積まれた状態。ですが、致し方ない事情がありました。長女は病気で車いすの生活であり、てんかんの発作がいつ訪れるかわからないので、かたときも目が離せないのです。長男にもっと時間をさきたい、ごはんも落ち着いて食べたい。日常のささやかな願いも、仕事で多忙のご主人には伝わりません。日常の閉塞感は部屋の閉塞感そのものだと感じました。

リビングの隣の洋室を見た時。そこには、洋子さんの趣味だというミシンがほこりをかぶっていました。「子どもの世話だけでなく洋子さん自身の時間を楽しんでほしい」。そして子どもたちといっしょに安心して住める家に――そんな思いから片づけを開始しました。

まず手をつけたのが「**混在の解消**」。ダイニングには食事のモノだけ、玄関には外出に必要なモノだけといったように、ゾーンごとに「あるべきものを、あるべき位置」に配置。そして物置には「思い出コーナー」を作り、家じゅうに散っていた子どもの写真や作品などを1か所に。そして、お願いしたのが「**管理責任者をはっきりさせる**」。ご主人のモノはご主人の部屋に移動して、ご主人に責任を持って保管、処分をしてもらう。キッチンまわりは洋子さんが責任をもつ。同居している家族だからと、ついここの線引きがあいまいになるのです。

「いつかやらないといけないと思っていたけれど、長女がいるからと言い訳していましたね」と片づけのあとに明るい表情を見せてくれた洋子さん。自分らしくいられる「家」を、さらに大切にしようという思いが出てきたので、時折育児の手を休めては片づけをしているといううれしいお知らせにホッとする思いです。

DINING ROOM

ダイニングテーブルは食事場所ではなくモノ置き場となっていました。ご主人も帰宅したら、夕食を自分の部屋に持ち込んでひとりで食べているとのこと。ダイニングは団らんの象徴なので、「家族で食事がとれるスペース」としての機能をはっきりさせたいもの。

洋子さん宅のキッチン&ダイニング。キッチンカウンターにもモノがいっぱい。本来、キッチンカウンターはダイニングとキッチンとの橋渡しの役割なので何も置かないほうがベター。

食卓まわりはお子さんの薬や学校関係のモノであふれて食事ができないほど。「長女と外出する時に必要なバッグや帽子もここに置いておくのが習慣。すぐ手に取れるのが便利なので」と洋子さん。

カウンターの上のモノを整理、壁に貼っていた子ども関係のモノもはがして子ども部屋へ。食卓の上のモノも分類して、所定の位置に。「テーブルで学校の宿題ができる！」と長男の目が輝いたのがうれしかったです。

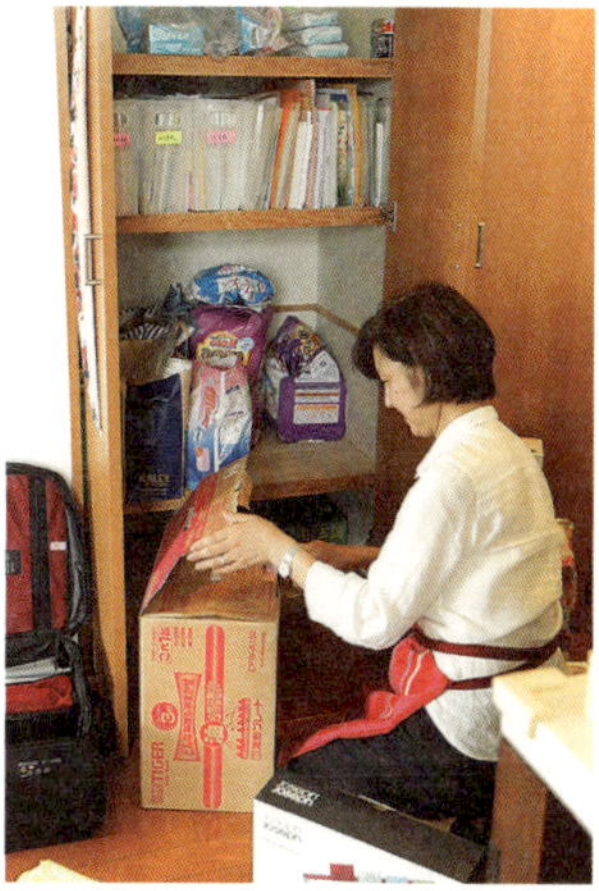

ダイニングに無造作に置かれていたのが長女の医療関係のモノ。入院時に必要なグッズはスーツケースに、オムツ類、手拭き、薬は「医療用コーナー」の棚を作ってひとまとめに。

ENTRANCE

玄関はあくまでも「人とモノの通り道」。モノを置いては廊下としての機能が果たせません。洋子さん宅では長男の野球道具に支配され、長女が使っている車いすが通りにくいほどでした。

靴が入っていた空き箱や長男の運動サークルで使うグッズなどを高く積み上げて放置。メジャーで測ってみると廊下の幅を$\frac{1}{3}$も狭くしていました。廊下の壁をふさがれていて暗い印象。

家族の靴はひとり5足までと決めて、シューズボックスへ。はいていない靴を処分。放置されホコリをかぶっていたぬいぐるみは3つだけ選んでネットに入れて洗い、残りは処分。はじに積まれていたグッズを取り除いたところ、ホコリとカビがいっぱいで「娘の健康に悪いこともしていましたね」と洋子さん。

長男とご主人の趣味は野球。クーラーボックスや素振り用のバットなど野球に行く際に必要なアイテムは玄関に出しっぱなしにせず、すぐ脇の洋室へ移動。「アウトドアコーナー」を作ってひとまとめに。

PRIVATE ROOM

リビング横の洋室は8畳。いつもカーテンを閉め切り、モノ置き場と化していました。本来は長男の子ども部屋として使うはずだったのに、そこまで整える余裕がないとのこと。まずは「床の見える部屋」をめざしました。

BEFORE

「私の独身時代の洋服や子どものおもちゃ、子どもの作品が捨てられなくて」と洋子さん。よく見るとインスタントラーメンなど食品のストックがなぜかこの部屋に。あふれたものを「とりあえず」置く場所になっていました。

包装紙や紙袋などが捨てられないという洋子さん。この紙の山の中にはなんと15年前の結婚式でいただいた「ご祝儀袋」が。「住所とか個人情報も書いてあるし、ありがたくいただいたモノだから捨てられなくて」と。

AFTER

床置きしていたモノを「分別、整理」してスッキリ。窓をふさいでいた「使っていない電化製品」も押し入れに格納。「あるべきモノの数を把握し、あるべき場所にしまう」を徹底しました。

ポイントは「現在進行形のモノしか表に出さない」。今、使っていないモノは押し入れやクローゼットへ「数をしぼって」収納。出しておくモノ、しまっておくモノの線引きを明確にしました。

片づけの目的は心の平和

広島は美しい川の街。平和記念公園から元安川ごしに原爆ドームを望む、この広々とした場所を見ると落ち着きます。かつて私の職場だった右手のビルは、今、「おりづるタワー」という広島の新しい観光スポットに。毎年8月6日の夜、ここで灯篭流しが行われます。

23歳で実家を離れるまで私を育ててくれた広島には、特別な想いがあります。被爆の苦しみを知る両親は、60年前に家庭を築いて以来、さまざまな平和活動を続けてきました。教員をしながら「教え子を2度と戦争に送らない」と戦争体験の語り部を続けてきた父。毎年さまざまな外国からのホームステイを受け入れてきた母。核実験の被害に苦しむ世界各地との連携に尽力する両親の後ろ姿に、平和であることの幸せを実感してきました。

私にとって故郷の原風景は原爆ドームの脇を流れる元安川。幼い頃からOL時代まで、四季折々にこの場所から遠くに広がる景色を眺めていました。かつてはすべてを失いマイナスから力強くよみがえった故郷。

片づけを通して心の平和を願う気持ちは、この原風景にあるのかもしれません。

日々をラクにする衣食住の心がけ

CHAPTER 3

「片づけ上手は、生き方上手」。そんなことを考えます。モノを処分したり収納したりする動作が、たやすくできる人は、「自分には何が必要か」を明確にわかっている人。そして「決断できる」人です。片づけとは身近で小さな動作ですが、「選択と判断」を身につけるにはとてもよい訓練だと感じます。片づけがスムーズにできるようになれば、人生のあらゆるシーンがもっとラクにまわるようになると思うのは大げさでしょうか？とはいえ、私自身もまだまだ勉強中で試行錯誤の日々ではありますが。

冷蔵庫を「ストレス庫」にしない

なぜ冷蔵庫の中はゴチャつきやすいのでしょう。

それは私たちが冷蔵庫を過信しているからです。とりあえず入れて置けば、腐らないという過信。でも低温を好む細菌やカビもいますし、食品は入れた瞬間からすでに劣化の一途。**冷蔵庫はあくまでも一時置き場**と考え、回転をよくして「廃棄はゼロ」を目標にしたいものです。

ポイントは3つ。まずは「指定席を決める」。たとえば、すぐ食べられるもの（納豆や漬物）、常備菜（煮物、ピクルスなど）、肉や魚、とジャンル別に分けて置き場所を決めると出し入れの時に迷いません。

次に「取り出しやすくする」。冷蔵庫に入れる納豆やヨーグルトの外装フィルムは外して、1個ずつすぐに取れるようにします。ちなみに、「冷蔵庫の麦茶ポット」、よく出し入れしますよね。わが家ではお湯用のポットを夏は、保冷ポットとしてキッチンに出して使います。毎朝、お茶パックと氷水を入れておけばいつでも飲めるし、冷蔵庫に出し入れする手間が減らせて便利。

そして「ひと目で中身がわかる保存容器に入れる」。色やにおい移りが気になるカレーや、油ものはガラス容器に。ほかのものも透明のプラスチック容器に入れるとひと目で残量が把握できるので、使い忘れの防止に。

「何を、どこに、どれだけ」を把握するだけで冷蔵庫ストレスは激減します。

買い物直後が勝負。
「床いも」「玄関水」にご注意を

片づけでうかがうお宅で目にするのが、「床にころがっているじゃがいも」「玄関に置きっぱなしのペットボトル」。買い物から疲れて帰ってくると、重いモノを所定の位置まで運べなくなります。そして、「とりあえず置いておこう」が、結果的に「ずっと置いてしまう」ことに。その代表格が根菜類とペットボトル。「床いも」と「玄関水」、お心あたりはありませんか？

すぐに食べられるもの
奥まで詰めこむと食べ忘れやすいので手前に置く。
常備菜
中身がわかりやすいよう、透明のビンや保存容器に入れる。わが家では、ピクルスを常備。
氷タンク
こまめに清掃しないと意外と菌がわきやすい。
野菜室
買い物直後に包装ビニールをすべてとり、洗ってすぐに使える状態で保存すると便利。
缶ビール
だし用昆布など
小ビンの調味料
卵
調味料
前列に低いものを
チューブ入り調味料
製氷室
冷凍ポケット
チルド室
生の肉や魚は下味をつけて保存すると多少長持ち。
冷凍室
味つけして加熱したものや下ゆでしたものなど、解凍すればすぐに食べられるものを入れる。
つねにあるのはゆでておいた大豆を密閉袋に入れたもの。

冷蔵庫はストック置き場ではありません

冷蔵庫にはたくさんストックしがち。多く作りすぎたおかずの残り、何が凍っているのかわからないジッパーつきの密閉袋……「入れておけば安心」「捨てるのがもったいないから、とりあえず」という発想。でも本当にもったいないのは、活用されない食材を置くスペース、維持する電気代。そして「また腐らせてしまった」という罪悪感、つまり「気持ちのエネルギー」なのです。

野菜はチンする、ゆでる、ただ漬けるで毎日たっぷり

野菜は冷蔵庫に寝かせるほど鮮度と使う頻度が落ちます。気づくとシナシナ。食べる気力が落ちていくのです。とにかく野菜は、野菜室に入れる前が勝負。葉ものは新しいうちにゆでておけば、いつでも食卓に出せます。ひと手間かければカサも減って、庫内のスペースにも余裕がうまれます。

食べて更新！　3月11日と9月11日の「防災食」

わが家が本格的に防災対策を始めたのは、東日本大震災がきっかけでした。この時に役に立ったのが、冷凍室に用意していた常備菜。わが家の冷凍室に入れているのは「生」の食品ではなく、すべて「味つけ」「加熱ずみ」の肉や野菜なので、地震後に電気がとまった時も、少しずつ解凍して食べられました。

防災に関しては3つの備えをしています。①災害用「携帯ポーチ」を玄関に置いて外出時に持ち歩く②「なにかあっても3日間は自宅でしのげる」一式をつねに用意③避難所暮らしになった時のための最低限の所持品をリュックに用意、というものです。

レトルトや缶詰の防災食はうっかりすると賞味期限切れになってしまうので、年に2回は食べて更新。3月11日と9月11日という日本とアメリカで未曽有の災害、テロがあった日を「防災食を食べる日」と決めているので、忘れることはありません。

- 洗濯用の物干しロープ
- 携帯ラジオ
- 手動で発電する懐中電灯
- かさばらない着替え
- 洗面用具、浴用タオル大2枚、小2枚、石鹸
- 携帯トイレ
- カプセルシート（p22参照）など大切なメモ
- レトルト防災食
- 布のガムテープ、油性ペン
- 安全ピン、マスクなど

「避難用リュック」の中には

仙台で被災した方にうかがったのですが「物干し用のロープ」が避難所でとても役立ったのだそう。避難所では少ない着替えを頻繁に洗うので、干す時に重宝するのはもちろん、タオルをかけて隣の人との「目隠し」にしてプライベート空間を作ったと聞きました。そして布製のガムテープはメモがわりに重宝したのだそう。「避難所にいる」「お母さん、無事」など、油性のペンで書いて、玄関などにペタッと貼るという用途。布製ガムテープはサッと手で切れるのでおすすめです。安全ピンは包帯がわりにハンカチを巻いて留められます。

「携帯ポーチ」には

外出の際に必ず持ち歩いているこの携帯ポーチ、重さは250グラムです。300グラムを超えると重くて持ち歩くのがめんどうになるので300グラムを超えないように中身を調整しています。アルミシートは毛布がわり。アウトドアやスポーツ観戦にも重宝ですが、薄くて軽いわりに、体をくるむと、とても暖かいので防寒の必需品です。

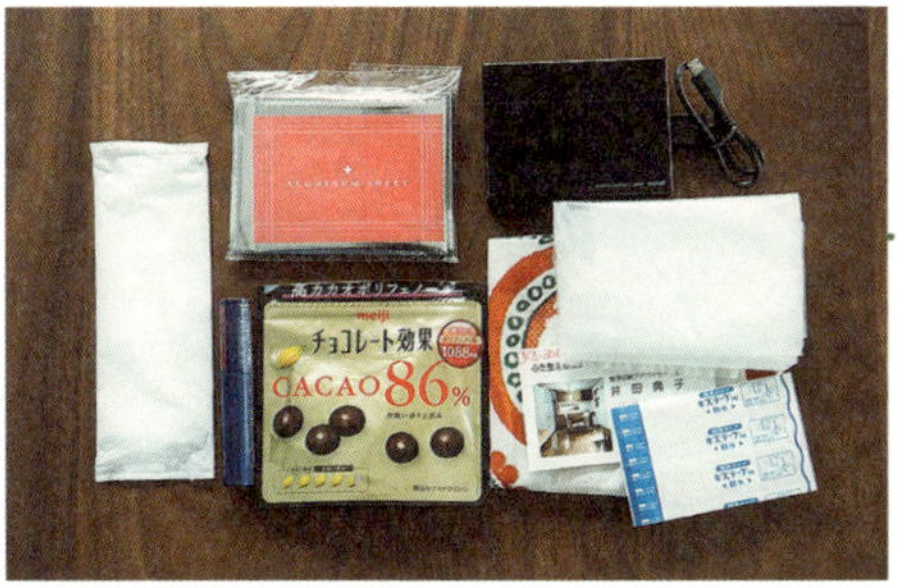

・緊急連絡先（夫の携帯番号）を書いた私の名刺
・防寒アルミシート
・ウエットシート
・ばんそうこう
・携帯の充電器
・リップクリーム
・レジ袋
・大判ハンカチ（包帯がわりにもなります）
・あめやチョコレートなど

「自宅で過ごす３日間用」はココ

ダイニングの床下に置いているのがこちら。レトルトや缶などの防災食はマジックで大きく賞味期限を書き直しています。そうすれば、期限の近いモノがパッと把握でき、消費しやすいからです。ここに保管しているモノはすべて食べておいしかった防災食ばかり。以前はカップラーメンも防災食用に保管していましたが、賞味期限が意外と短く、また場所もふさぎがちなのでやめました。この床下に保管している手作りのみそや梅干しも防災食のひとつ。ごはんがあれば、みそと梅干しだけでなんとかしのげるように思うからです。

・水（2L×6本入）×３箱
・米、卓上コンロ、ガスボンベ3本
・レトルト、缶詰類
・調理済みのおかずやパン（いつもは冷凍室に保管）
・LEDランタン、クーラーボックスと保冷剤

「和洋交互」で朝食をラクにする

洋食の日

手作りのパンに野菜や鶏ハム（作り方はp63）、手作りのにんじんジャム、ゆで卵を添えて、各自がオープンサンドイッチにして食べるスタイルが定番。欠かさず作るケフィアヨーグルトにカフェオレを添えて。

「今日はごはんにする？　パンにする？」。以前は、起きてきた夫に聞いていました。和食なら土鍋をセットして炊き立てのごはんを。洋食なら冷凍しておいた手作りのパンをグリルで温めて。でも、かなりの確率で「どちらでもいい」と言われます。「どっちがいいのか選んでよ」と詰め寄っても「本当にどっちでもいいんだよ」と。本人にはもちろん悪気はないのですが、決定権を託されているほうは「決めなければいけない」という小さなエネルギーを使います。日常の暮らしはそんなささいな選択と決断の繰り返しなんですよね。

そこで朝食を「パンとごはんと1日おき」と決めることにしました。すると、とてもラク！　明日の朝が洋食と決まっていれば前の晩にサラダ用の野菜をシャキッとさせておくことができるし、和食ならみそ汁の具を用意しておくことができます。朝も迷いなく動けるので、食卓の準備がスムーズです。そして食材もムダなくバランスよく回転、消化できます。

朝の時間がスムーズに流れると、その日1日気分がいいものです。私自身朝食のパターン化で自分自身の快適なリズムがうまれたと感じました。7時15分に夫を見送り、朝の家事は8時までにすべて終了。

「**パターンがあることによる自由**」を暮らしまわり全体に広げていきたいなと思います。

和食の日

玄米入りのごはん、みそ汁、納豆、小魚、家庭菜園で採れた青菜、フルーツに漬物。漬物は「大根のざらめ漬け」。生の大根を乱切りにし、ざらめ50gとしょうゆ100mℓ、酢大さじ2、鷹の爪1本で漬けただけなのですが、これがシャキッ、ポリッとしておいしい！

鍋帽子®を使った土鍋ごはん。炊飯器よりも手軽です

3合炊きの土鍋にお米と水を入れ、沸騰したら火からおろし鍋帽子®をかけ15分ほどほうっておけば炊きあがり。土鍋を使った時、底に布やタオルを敷くと、だいたい焦げてしまうのですが、なぜか新聞紙なら大丈夫なのです。鍋帽子®は友の会のバザーなどで購入可能。わが家はこの鍋帽子®のおかげで電気とガス、合わせて毎月9500円です。

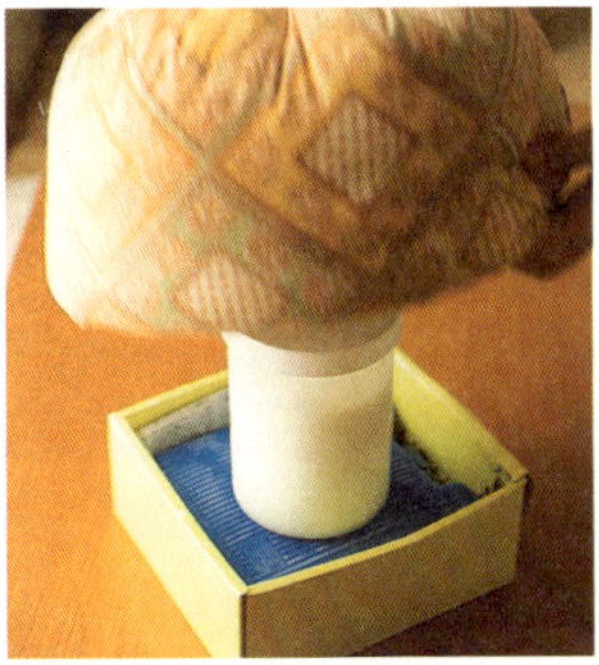

鍋帽子®は保温効果だけでなく保冷効果もあります。夏場、離れて住んでいた娘にビシソワーズや手作りのヨーグルトを届ける時、保冷剤をのせて、さらに鍋帽子®で全体を覆って運びました。

朝食や急な来客のお助けは手作りのコンポートやジャムです

朝食やお茶うけ、箸休めに重宝するのが、手作りのコンポートやジャム。いちご、梅、紅玉リンゴ、ゆず、甘夏など季節の果物を2割の砂糖でコンポート風にさっぱりと煮て冷凍。冬にぴったりなのはゆず茶。刻んでタネをとり、はちみつか砂糖、しょうが汁を加えてレンジでチン。お湯で割って飲んだり、ヨーグルトやパンにつけても。

ひとりランチは「残りもの活用」と「時短」

残りものをきれいに盛りつけて

朝食やお弁当の残り、冷蔵庫の常備菜（ハンバーグ、きんぴら、ピクルス、煮豆）をワンプレートに。ごはんは型をぬいて盛りつけます。冷たいものは冷たく、温かいものは温める。スープか汁物も添えて。

おかずとごはんをつぶして「お焼き」に

よく作るのが「お焼き」。残りもののおかずとごはんをつぶして、小麦粉適量と卵を混ぜ、フライパンで両面を焼きます。お好み焼き用ソースやかつおぶし、あおのりを添えて。

自宅で食べるひとりの昼食。その時間がとても好き。家族のいない静かな時間に、自分の好きなものを食べる。朝の家事を終え、ひと仕事したあとに、整った空間で静かにラジオを流しながらのゆったりとしたひととき。主婦の醍醐味ではないでしょうか。

1日は24時間。**時間の流れのおおまかなとらえ方として、6時間ずつを四季と考えてみます**。活動の始まりの朝は春。めいっぱい活動する日中は夏、そして心を鎮めていく夕方は秋、活動をオフする夜は冬。そう考えていくと、それぞれの時間をどう過ごすかのイメージがつきやすいと思います。春から夏の時間帯には体や頭をめいっぱい働かせ、夕方には体を休めるモードに。そして夜はしっかりと休息をとる。そう考えると午前中にダラダラと過ごすという発想が自然となくなります。

昼食は午後からの活動にそなえてしっかりとりますが、「冷蔵庫整理」を兼ねた手軽なもの。基本的に、レトルトや外食など、自分ひとりのごはんのためにお金をかけることはしません。お金はかけずともひと手間かけて、おいしくエネルギーチャージ。夫の定年が近いので、こんなひとりランチができるのも今のうち？

困った時の「さば缶」おかず

さば缶、以前よりもちょっと値上がりしてしまいましたね。主婦としては残念です。さば缶は水煮、味噌煮、オリーブオイル漬けなどさまざまな種類があって、使い勝手がいい。水気や油気を軽く切って、そのまま食べるのもいいけれど、具材としてひと手間加えてもおいしいですよね。肉を切ったり、魚を洗ったり、そんな元気すらない時、「さば缶」さえあれば、外のお惣菜を買わなくてすむし、余裕の出た気持ちでもう1品作ることもできて重宝しています。

水煮缶でガパオライス風

エスニックな風味でごはんがすすみます

材料と作り方

① さば缶（1缶）は水を切る。

② にんにく（みじん切り少々）、玉ねぎ、ピーマン（それぞれ適量を角切り）、ミニトマト（適量）を炒めて①を加え、砂糖・酒（各大さじ1）、ナンプラー・オイスターソース（各大さじ2）で調味してごはんにかける。バジルやイタリアンパセリなど香草があれば添える。

缶詰のうまみ、栄養、安さ……うまく使えば出来合いのお惣菜は買わなくてすみます

ちょっと1品足りない時の副菜にはもちろん、メインにもなり得るのが缶詰。たんぱく質が足りない時に手軽に補えるし、味もついているので便利です。冷蔵庫がからっぽでもできるのが「ツナボール」。油を切ったツナ缶1缶に、玉ねぎのみじん切り、パン粉、卵、塩こしょうをして混ぜて、フライパンで揚げ焼きにします。パセリのみじん切りを加えても、カレー粉を加えてもおいしい。

さば豆腐バーグ

冷凍してお弁当にも！　冷めても味しっかり

材料と作り方

① さばみそ缶（1缶／正味160g・以下同）は汁を切る。
② 木綿豆腐1丁（300g）はしっかり水を切る。
③ にんじん・ねぎ（各50g）は刻んでおく
④ 卵（1個）、片栗粉（大さじ3）と①〜③をボウルに入れて混ぜ、16個くらいの小判形にして、フライパンで揚げ焼きする。ケチャップをつけても。

さばみそ丼

山椒を振ってアクセントに

材料と作り方

① さばみそ缶（1缶）は汁ごと使う。長ねぎ（適量・斜め切り）、または玉ねぎ（適量・スライス）とともにフライパンに入れて、ときほぐした卵（2個）でとじる。
② 卵が半熟のうちにあたたかいごはんにのせる。山椒を振って仕上げる。

さば缶きんぴら

味がうすい時はめんつゆで調整

材料と作り方

① さばみそ缶（1缶）は汁ごと使う。ごぼう、にんじん（適量・ささがき）、白滝（適量を食べやすく切る）としょうが（1片）、鷹の爪（1本）といっしょにきんぴらの要領で炒める。
② めんつゆで味を調節。冷蔵保存で3日ほど。

さば缶のゴーヤ炒め

ゴーヤにさば缶のうまみがしみます

材料と作り方

① ゴーヤ（2本）は洗って種を取り厚めに刻む。

② ごま油（大さじ1）でゴーヤを炒めて、さばみそ缶（1缶）を汁ごと加えて炒める。塩こしょうで味をととのえる。卵でとじてもおいしい。

さば缶のトマト煮込み

とけるチーズをかけてイタリアン風に

材料と作り方

① さば水煮缶（1缶）は水を切る。白菜、またはキャベツ（適量）は洗って食べやすく切る。

② オリーブオイル（適量）で鷹の爪（1本）、ローリエ（1枚）と①の野菜を炒め、さば缶、トマト缶（1缶・カットトマトのほうが使いやすい）を加えて蒸し煮する。塩こしょうで味をととのえて盛りつける。とけるチーズ（適量）をちらしても。

1人前80gのパスタで　ムダなく作ります

「さば缶のトマト煮込み」は多めに作って、パスタに転用。パスタを作る時は1人前、80gをはかります。作りすぎた、足りなかったというムダを確実に避けたいからです。

ランチのひとりごはんは　朝から乾麺を水に戻して

今日のお昼はパスタに、という時は朝から水にひたして麺を戻します。すると沸騰1分で麺がゆであがります。趣味の山歩きの時にも重宝。山頂での簡単な炊事にうってつけ。

家庭菜園をフル活用して彩りも、楽しみも

狭い庭でも、しっかりと土を掘り返したり、深いプランターを使えば季節ごとに野菜を育てることができます。ゴーヤ、トマト、なす、きゅうり、スナップエンドウ、ピーマン、オクラ、しし唐……夏野菜は実のなるものが多く毎朝のように収穫を楽しんできました。

涼しい時期は、葉物に虫がつきにくいので、レタス、グリーンリーフ、イタリアンパセリ、春菊、バジルなど、夫はいろんな苗を試すので、少量でも彩りに助かります。

昔は畑に、底を抜いた大きなふたつきのバケツが埋めてありましたが、近ごろは初めから底のないふたつきコンポストが市販されています。自治体によっては、購入の補助金も出るようです。わが家でも数年前から庭の一角に埋めこんで、生ごみや落ち葉を入れて発酵させています。気温が低い時は発酵促進剤を振りかけます。おかげで捨てる生ごみが減り、庭の土はふかふかに。庭仕事は本当に癒されます。

漬けるだけピクルス

1kg分の野菜をザクザク

材料と作り方

① 野菜（きゅうり、玉ねぎ、セロリ、パプリカ、キャベツ、かぶ、カリフラワーなど）1kg分をひと口サイズに切る。

② 酢（200㎖）、水（100㎖）、砂糖（60g）、塩（小さじ2）、ベイリーフ（1枚）、黒こしょうを鍋に入れて沸騰させて、粗熱が取れたら密閉容器などに野菜を漬け込む。冷蔵で1～2週間保存が可能（だんだんなじんでおいしくなる）。おこのみでゆで大豆を入れても。

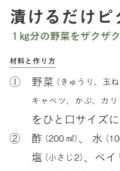

ピーマンのポン酢あえ

レンジでチンして手軽な副菜に

材料と作り方

ピーマン(適量)を細切りにしてレンジでチン。しんなりするくらいにやわらかくなったら、すりごまとポン酢(各適量)であえる。

しし唐の鶏肉炒め

作りおきのたれでしし唐を手軽に

材料と作り方

① 鶏もも肉(適量・ひと口大に切る)は小麦粉をはたいて、油(適量)をひいたフライパンで焼き、肉から出た脂をペーパータオルでふき取る。洗って食べやすく切ったしし唐(適量)を加える。
② たれ(砂糖1:酒1:みりん2:しょうゆ3)をからめる。

ゴーヤとみょうがの中華風

ゴーヤはゆでるとおいしいです

材料と作り方

① ゴーヤ(2本)は斜めのひと口大に切って熱湯で2分間ゆでる。
② みょうが(適量・せん切り)と鷹の爪(1本・小口切り)といっしょに、めんつゆ(½カップ)とごま油(大さじ1)に漬けこむ。かつお節をふって食べる。

蛇腹きゅうり

この形状だからこそ味がしみておいしい！

材料と作り方

① きゅうり（3本）は洗って塩で板ずりをして、蛇腹に切り、軽く水気をしぼる。

② 干しシイタケ（2枚）、長ねぎ（⅓本）はせん切り、鷹の爪（1本）は小口切りにしてごま油（大さじ1）で炒める。

③ 砂糖、しょうゆ、酒、酢（各大さじ2）を加えて火を止め、きゅうりにかけてなじませる。冷蔵庫で保存可能。

きゅうりの豚巻き

はさんだ青じそがアクセント

材料と作り方

① きゅうり（2本）はせん切りをし、オリーブオイル（適量）と塩（小さじ½）で炒めて、青じそ（10枚）とショウガ（1片）のせん切りを加える。

② 豚ロース薄切り（300g）に軽く塩こしょうをしてオリーブオイル（適量）でさっと焼き、①を上にのせ、くるっと巻いて食卓へ。

じゃがいものレンジ蒸し

ローズマリーを散らすのがコツ

材料と作り方

じゃがいもを厚めにスライスして軽く塩をふり、ローズマリーを散らし、じゃがいもがやわらかくなるまでレンジで加熱。食べる時にオリーブオイル（適量）をかけていただく。白ワインとの相性がぴったり。

明日の自分を助けてくれる常備菜

料理は日々の連続ドラマ。生活しているかぎり、絶え間なく続きます。疲れている日も常備菜が冷蔵庫にあれば、ごはんと汁ものを作ればなんとかなります。

世の中は常備菜ブームだそう。働くお母さんのために、自宅までプロの家政婦さんが常備菜を作りに来てくれるサービスもあるのですね。優先順位は人それぞれ。すべてを手作りしなくてはと思う必要はありません。

野菜を中心に冷蔵したり、冷凍したり

私自身は、コンビニで何かを買ったり、自販機でドリンクを買うのも贅沢だと思ってしまう、自他共に認めるケチな性格。外食もめったにしません。野菜中心の常備菜を日々食卓に出すことで、家族の栄養バランスも家計もしっかり管理できます。

冬瓜のスープ

だしも手作り！　鶏ハムをたっぷりと

材料と作り方

① 冬瓜（400gくらい）をひと口大にカットして5分間、下ゆでする。

② 干しシイタケ（2枚・細切り）、ゆでタケノコ（100g・細切り）、しょうが（20g・すりおろし）、鶏ハム（100g・作り方は下記参照）、長ねぎ（1本・斜め切り）と鶏ハムを作った時のゆで汁（500㎖）または、中華スープを鍋に入れ、コトコト煮る。むきエビを加えるとうまみが出てさらにおいしい。こしょうをかけて。

鶏ハム

料理に加えるだけで食べごたえアップ！

材料と作り方

① 鶏胸肉（2枚）の皮を取り、砂糖・塩（各大さじ1）とあらびきこしょうをすりこんで冷蔵庫で一晩おく。

② 常温に戻してさっと水洗いして、2カップの水とベイリーフを入れた鍋で5分ゆでたら、ふたをしたまま冷めるまでおく。

③ 食べやすく切る。1週間ほど冷蔵庫で保存可能。

丸めて、のっけて！孫とのクッキング

共働きの長女のサポートのため、4歳になる孫娘のめんどうを1日中みることがあります。「これは何？」の連発に、1日が終わるころにはクタクタですが、濁りのない「おさなごの心」にふれてハッとすることも多いものです。幼い子は目の前の「今」に全身全霊で向き合っているなぁと感じます。

これほどの情報社会につかっていると、何を見ても聞いても「どこかで見たことあるかも」という既視感があります。動画やSNSにアップされている誰かの経験に「いいね」だけで反応しているうちに、初めての景色や体験でも感動が薄れてしまう。でも、子どもの目に映る風景はいつも新鮮、いつも初期化されています。無邪気にしめす「うれしい」「楽しい」の表現に、自分の感性のアンテナが鈍っていることを実感するのです。

孫との料理は感性を刺激される楽しいイベント。キッチンは無限の遊び場だと気づかされます。

失敗なし！「甘辛鶏つくね」

子どもも丸められる「鶏つくね」は甘辛味。鶏ももひき肉（300g）にしょうゆ大さじ1・砂糖小さじ1・玉ねぎ（½個をみじん切り）・片栗粉大さじ1・卵½を混ぜ、丸めてフライパンで焼きます。蓋をして中まで火を通します。小鍋でしょうゆ大さじ2・砂糖・酒・みりん各大さじ1・水½カップを煮立て、片栗粉大さじ1を水で溶いてあんを作り、つくねにかければできあがり。約15個分。

せいろがなくても シリコンの蒸し器で簡単に

愛用しているのはシリコン製の蒸し器。湯をはった鍋の上に置くだけなので、手軽です。わが家で好評のシュウマイはとてもシンプル。豚ひき肉（300g）にしょうが汁・砂糖・しょうゆ・ごま油・オイスターソース各小さじ2・塩小さじ1を混ぜ合わせて、玉ねぎ200g（みじん切りして片栗粉50gをまぶす）と干しシイタケ4枚を刻んだものを加えて皮で包み、グリーンピースやコーンなどをのせて、10分蒸すだけ。これで約30個分。

よけいなものは入れない！ シンプルな「シュウマイ」

市販のシュウマイを買ったことがありません。どんな肉を使っているのか、つなぎには何を入れているのか。どんなものが入っているのかがわからないものを買うのは不安です。家で作るシュウマイなら子どもも混ぜて、包んでと楽しく作れます。ギョウザよりも形づくりが簡単で失敗なし。上にピーマンやコーン、グリーンピースをのせるのも孫の役目。酢じょうゆをつけて、アツアツをみんなでいただきます。

ゴマやチーズを加えて「シュテンゲル」

シュテンゲルとは堅焼きのスティックパンのこと。冷凍保存もできるので、外出時などにも重宝、子どものおやつにピッタリです。薄力粉（200g）・牛乳（人肌にあたためたもの）120㎖・ドライイースト小さじ1・砂糖ひとつまみ、塩小さじ½をボールに入れてこね、バター30gをちぎりながら加えて再度こねます。ゴマや粉チーズを加えてもおいしいです。35等分して細長く棒状にして、170度で25分焼けば完成。

孫娘にとっては、シュテンゲルづくりは粘土遊びのようなもの。プラスチックのスケッパーを使うので分割も安全です。

食卓を彩る「行事食」と「イベント食」

子どもの日の定番が「お魚のポテトサラダ」。鯛の身をほぐして混ぜたポテトサラダを鯛の上にのせます。ゆで卵を白身と黄味に分けてこまかくし、ストライプにして盛りつけます。

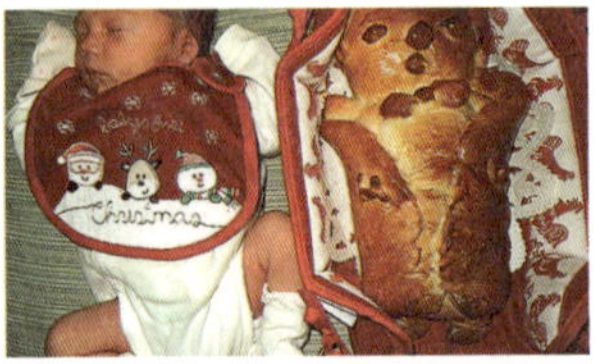

初孫が生まれて退院した日に作ったウェルカムブレッド。赤ちゃんに似せて焼いたおくるみ型のパン。おめでとうの気持ちをこめて。

おせちは2日で食べきるくらいで十分。煮物はふだんから作るので、おせち用に作るのはやめました。定番メニューに毎年1品は新メニューを加えて。

お正月のおせち、節分の豆まき、ひなまつりのケーキ寿司、お花見の桜餅、子どもの日の柏餅……四季を感じる節目には、自己流で出来る範囲のイベント食を手作りしてきました。

目の前で「おいしい！」と反応してくれる子どもがいるあいだは、たくさん作ってもあっというまに平らげてくれるので作りがいがありました。上出来でなくても、粉だらけになりながらいっしょに作る時間そのものが、かけがえのない思い出になるのですね。

夫の実家では毎年年末にたくさんのお餅を作っていました。市販のものと違って格段にこしがあっておいしかったのは言うまでもありません。私の実家からはケーキや手縫いのパジャマが送られてきました。こうして祖父母にも手間と愛情をたくさんかけてもらって育った子どもたちは、本当に幸せだと思います。

自分の孫たちにはそこまでできないかもしれないけれど、私たちなりの交流ができたらと思っています。人と人はいっしょに食卓を囲み、同じものを食べることで自然に心が通います。そんな経験をたくさん分かち合って豊かな時間を紡いでいけたらと望んでいます。

お買い得というワナにはまらない

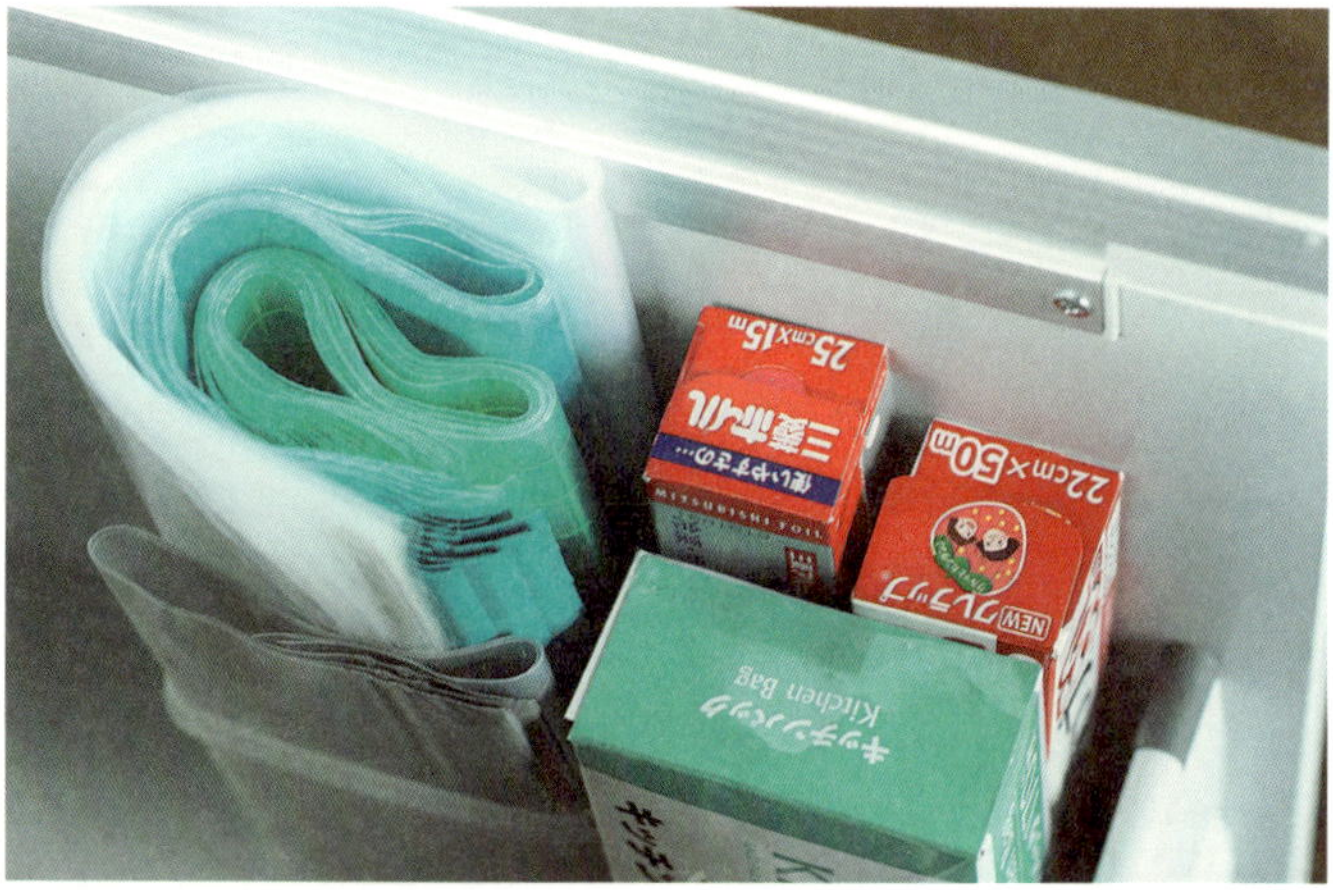

ラップもアルミホイルも切れてから買います

お買い得品というのは正確な表現ではありません。買うということはお金を払っているわけですから、私たちが「得」することではない。得するのは企業だけです。あたかも「得」するような言葉の雰囲気につられ、「今、買わなきゃ」と思わされているのです。

わが家では予備をほとんど持ちません。アルミホイルもラップも1本。スーパーの袋は6枚まで。「予備がないと困りませんか」と聞かれますが、「困ってもいいんです。なくても3日間くらいならなんとかなりますし、そのあいだの工夫が楽しくて」とおこたえします。

たとえばケチャップやしょうゆなど、**食品ストックを買いこんでいるということは、わざわざ家で古くして、賞味期限を短くして使っているということ**。心配しなくても、今の時代、セールはいつでもやっています。

ラップも、ストックが何本もあると、最後、バーッと出して雑に使いがちになりませんか。たえまなく買って、**つね日ごろストックをもっているというのは、畳みかけられているような感覚**。それが落ち着かない。

安いから買う、持っていないと不安だから買う、のではなく、**必要だから買う**という意識にスイッチすると、セールを素通りできるという自由を手にします。そして、「予備をどこに置こうか」と管理のことを考えなくてすみます。

スポンとからっぽになった空席に、買ってきたばかりのモノを入れる気持ちよさ。やみつきになります。

着心地だけの洋服選び、していませんか？

クローゼットや引き出しを見まわしてみて「今、いちばんよく着ている服」はどれでしょうか。いつも同じ服ばかり選んではいないでしょうか。「洋服ってそんなにいらない」と内心ではわかっているのにバーゲンともなると、そわそわと売り場をのぞいてしまいがちです。新しい服を買うとすてきな自分になれる気がする。もっと着心地のいい服、もっとやせて見える服……。**服への執着は、言い換えると「未来の自分への幻想」**。

私の洋服はTシャツ、スカート、トップスなど16アイテムごとに5枚ずつと決めています。総数は80着。平均はみなさん、200着くらい。私も以前は150着持っていました。なぜ「5」かというと「覚えやすい」から。歳を重ねてくるとこの「覚えやすい」というのがなによりもポイントです。たとえセールをやっていても、5点すべてを活用できているとわかっているから心がグラつきません。このあいだ、Tシャツが1枚ぼろぼろになりましたが「さあ、買いに行こう」と思えた時のすがすがしさといったら！　安くなくても、気に入ったものを堂々と買えるという喜び。**数を把握しているから、罪悪感なく踏ん切りがつく**のです。

洋服選びは公共活動。他人の目に失礼に映らないためのマナーだと思います。それは家族に対しても一歩外に出かける時も。自分は風景の一部、という意識を忘れずに持っていたいと思います。

夫婦の洋服はすべて1か所に

夫婦の洋服は寝室のベッドサイドのたんすと、クローゼットにしまえる分だけを保有。クローゼットの中は右が私、左が夫のもの。洋服の総数を80着から70着にしてさらに管理の手間を減らしたいと思っています。

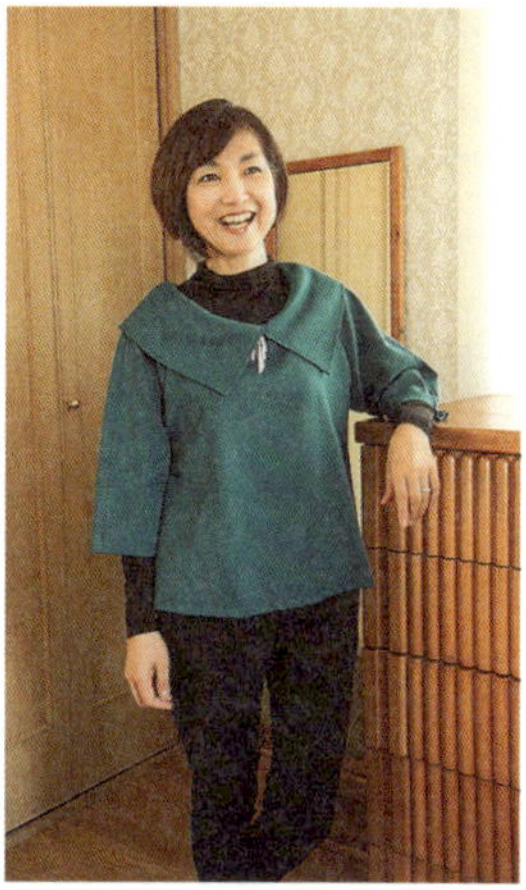

上下を黒でまとめたら「かぶるだけ」のコーディネート

1アイテム5点主義ですが、組み合わせを変えれば新鮮な印象に。とはいっても上下でコーディネートをあれこれ変えるのではなく、さっとかぶったりはおったりすることで手軽に変化をつけています。

はおるものは色を違えて5着で

秋冬になるとダークトーンの色味になりがちですが、コートやジャケットは明るい色をチョイス。ピンと伸ばした背筋と明るい表情もプラスして、「人さまが見ても見苦しくない自分」でいたいもの。

「外見のための美容」は、やめました

美容は最低限、人として見苦しくない程度に

朝起きたら、顔を洗ったあと口紅をひいて眉を整えます。出かける予定がある時はファンデーションとチークをぬりますが、メイクはそれだけ。洗面台の棚の一部がコスメ置き場ですが、持っているのはここにあるだけ。少量しか持たないので、使い古しや使いかけで死蔵品、といったモノはありません。

「歳をとっていくことが女性としてこわい」。講演会に聞きにいらしてくださる方から、そんな言葉を耳にします。たしかに肌の衰えは隠しようもなくなってきます。若さという意味では減っていくいっぽうですが、人としての魅力は歳を重ねるごとに増していくと信じたい。

アレもない、コレも足りない。そう思うと不安にかられてもっと欲しくなります。高価な化粧品、ダイエットグッズ。買ったものの、使い切れているでしょうか。片づけでうかがうお宅の鏡台をのぞかせてもらうと、最後まで使い切れそうな口紅は一本もありません。

ないものを数えるのではなく、あるものの恵みを数えると心が満たされます。健康な体、家族、友人、自分で使える自由な時間にお金。私たちはなんと多くの豊かさを持っているでしょうか。それを実感するには「数を数える」のがいちばんです。

スキンケアは化粧水とクリームだけ。メイクも最低限。私自身、人にどう思われるかを気にする時代はずいぶん前に終わりました。手に入れたいのは、内面の豊かさ。見た目は人を不快にさせない程度でいい。そう、**洋服選び同様、美容も化粧も私にとっては公共活動**です。

歳を重ねるほど「だわへし」な話し方で

今、中高年の主婦の方に「話し方」の講座が人気だそう。「PTAの会合でスピーチをしなくてはいけない」「同窓会で司会を頼まれた」など、ちょっとした人数の前で話す機会に「はて、どうしたものか」と苦手意識をもっていらっしゃるようです。

私も友の会の集まりなど、人の前でお話しする機会がありますが、意識しているのは「だわへし」。片づけの「出す、分ける、減らす、しまう」の考えです。最初に自分が何を話したいと思っているのか、話の総量を書き出してみます。次に伝えたい内容を分け（その日に話すべき内容なのか、別の機会に話すべき内容なのか）、全体量を減らし、時間内で終わるよう調整。すると、自然と「話し始め」がスムーズで緊張感も薄れます。歳を重ねると自分の話が長くなる傾向に。話し上手とはなれなくても、簡潔に話をまとめられるよう意識したいものです。

話が苦手なら相手の心に寄り添うように「聞く」

相手の心をつかむのは話し方よりも聞き方。にこやかな表情で顔をあげ、目を見てお話を聞く。目標とするのはふだんお世話になっている教会の牧師先生。

心の目盛りをゼロにする時間を、日常に

気持ちが乱れても、またもとに戻せるという安心感

「相模原グレース・チャペル」（神奈川県相模原市）は木々に囲まれた閑静な住宅地にあります。週に1度、日曜礼拝で心をリセット。

朝仕事を終えたあと、聖書を読んで心を鎮めます

朝はリビングの隣のサンルームで新聞より先に聖書を読みます。新聞を先に読むと気が散って聖書に戻れなくなりそうなので、この順番が日課。

２０１０年に私が所属する「友の会」でリーダーとなりました。そしてこれまでうまくいっていた人間関係が、小さな誤解からあっさり断たれてしまうという経験をしました。自宅で行っていた学習塾も日々の運営や生徒集めで忙しく、わが子3人の進路でも思い悩み、八方ふさがりのような苦しさを抱えていました。

そんな折、友の会では毎年クリスマス礼拝をしており、牧師を招くことになりました。人選のため、近くの教会をいくつか訪ねてまわり、最後に行ったのが牧師夫妻が2階に住んでいる小さな教会。牧師先生とお話をして「あ、私はここに来ることになっていたのだ」と実感したことをおぼえています。つらいことはすべて自分でなんとかしなければと思い悩んでいたけれど、「どうしたらいいのでしょうか」と神さまに聞くことができる。教会に通うことでようやく重たい肩の荷をおろすことができたのだと思いました。

洗礼を受けてもいまだに日々の雑事で心は揺れます。でも、朝食後に聖書を読んで大きな存在に身をゆだねれば心はおだやかさを取り戻す。目盛りをゼロにできるという安心感を手に入れて生きるのがラクになりました。

特別収録対談

「心の軸」を求めて〜「片づけ」と「信仰」

阿部牧師との出会いで多くの気づきを得られました。私にとって、「乱れた部屋を戻すのが片づけ」であり「乱れた心を戻すのが教会」。乱れても平和を取り戻したい――いつもそんな渇望を持ちながら生きているということに気づいたのもその1つです。

「相模原グレースチャペル」の阿部信夫牧師と出会ったのが50歳の時のこと。51歳、東日本大震災の直後のイースターに洗礼を受けました。波立つ心を鎮める日常の習慣。私にとってそれが「片づけ」と「信仰」です。

（井田） 聖書の中に「神さまのなさることは、すべて時にかなって美しい」という一節があります。これを読んだ時に、とてもホッとしたのを覚えています。これまで生きてきた時間、やってきたことにムダはないのだと。すべてのことに「タイミング」と「意味」があるのだと感じたからなのです。

（阿部牧師） 井田さんご自身が必要な時に、信仰に導かれた。準備が整ったからこそ、そのタイミングで信仰というものが心に響いたのでしょう。

（井田） 自分の手に負えないことが増えてつらい日々でした。いつも自分ひとりで舟をこぎ、岸にわたらなければと思っていた人生でした。でもこの教会に来た時は、私ひとりで舟をこがなくていいんだと思えたのです。大きな時間の流れの中に自分という小さな舟ごと乗せてもらっている。そんな感覚になれたのです。

私はとても「キツイ性格」でした。
思うようにならない子育てや人間関係に
イライラしていたし、周りを許せなかった。
その人なりの事情や生き方があることを
認められるようになったのは最近です。

（阿部牧師）子育てでも大変な時期が長かったですね。

（井田）私自身が揺らいでいたのに、そんな私から叱られるのですから、子どもからみると、とても理不尽だったと思います。まるで私は子どもの豪速球を打ち返す「壁」のようでした。いきなり球を打ち返すだけで、「どうしたの？」とやわらかく受け止めることはなかったのです。そして「待つ」ということも苦手でしたね。寄り道しても道草が気になって、子どもの手をいつもひっぱる感じ。早く、正しい道に寄せてあげなければとせっかちでした。人生は近道だけではない、答えは自分でつかむものと教えてあげられる余裕がなかったのです。

（阿部牧師）人の話を聞くときは自分もリラックスしたほうがよいのです。相手も緊張しなくてすみますので。そして「今日、答えを出さなくていい」と思うといいですね。相手は聞いて欲しいだけ、答えすら欲しくないことだってあるのだと思います。こちらも答えを与えないといけないと思わなくていいのです。じっくり耳を傾ける「傾聴」という姿勢です。そして必要な時、ひと言、言葉をかけてあげる。

（井田）自分の言葉がやわらかくなると子どもの態度もやわらかくなりました。もっときびしくしなきゃ、やさしくしなきゃといつも気持ちがブレていたのが、信仰を得て「親である私だけがしっかりしなくていいんだ」という軸ができたのです。社会や神さまが育ててくれると思えるようになりました。

片づけでうかがうお宅でも、以前の私だったら自分の尺度で「なぜ捨てられないのだろう」と思っていましたが、今では、その人なりの事情、生き方があるのだと、歩み寄れるようになりました。

（阿部牧師）ボランティアで片づけにいくうちに井田さんの心もおだやかになるのですね。人を助けているようで自分も救われていくと。

（井田）はい。片づけにうかがう家に、たくさんの気づきをもらってます。最近思うのは、日ごろ生きていると心が乱れてきますし、それは当然なのですが、そこをリセットできないまま暮らしているお宅が多いように思います。私の場合、夜、ダイニングテーブルの上には何1つ置かずに寝るのもリセットの行動。眠りにつく前の祈りは、1日開けっぱなしにしていた心の引き出しを閉める感覚です。心や空間を乱れっぱなしにしておかないクセをつけるのが落ち着きのある暮らしに大切なように思います。

足りないところではなく、今あるものの恵みを数える。私はこんなに恵まれているという数と状態を把握することの大切さも伝えていけたら、と。片づけとは恵みを知る、人生の前向きな確認作業だと思うのです。

井田さんは答えを与えないと、出さないとと思っていたのかもしれませんね。でも、もしかしたら周りは答えを求めてはいなかったのかもしれません。（阿部牧師）

重度障がい児を抱える シングルマザーのお宅へ片づけのお手伝いに

教会の紹介で片づけのボランティアにうかがったのが、中学生の双子を持つシングルマザーのお宅。800g、1073gと小さく生まれた姉妹を大切に育ててこられたお母さまですが、片づけまで手が回らないとあってサポートに。その後、部屋が片づいたことで心の霧が晴れたとのお手紙に涙が出ました。

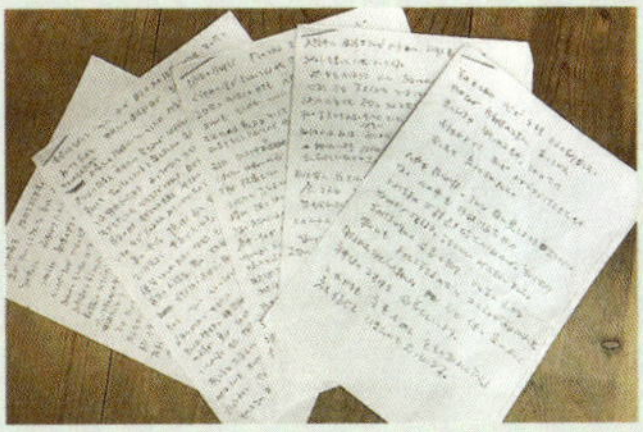

片づけのお悩み解決～ある日の講演会から～

Q 家の中にいるとモノが多くて落ち着かないんです。どこから片づけていいのかもわからない。私、どうしたらいいでしょう？

A わかります。モヤモヤするんですよね。そういう時は、部屋を見渡してみて「はがす」のがいちばん。壁とか冷蔵庫の扉とかにペタペタといろいろなものを貼っていませんか？　あとはのれんとか、床に敷いているマットとか。ソファーカバーとか壁掛けカレンダーとかも一度はがして、部屋を見渡してみるといいですよ。吊るしてあるもの、貼ってあるもの、掛けてあるもの、敷いてあるもの。これらを取ったときに見える部屋の風景、ずいぶんとこざっぱりしていると思います。壁は壁として機能させる。何も貼らない。冷蔵庫の扉はあくまで「扉」です。マグネットで何かを貼る場所ではありません（笑）。どこのお宅でも子どもの学校のメモとかレシピとかを貼っているのですが、扉の開け閉めのたびに、「ズレたらどうしよう」とか思ってストレスになりませんか。気づいたら下に落ちてるということもありますよね。

私はのれんはもうやめませんか、って声を大にして言いたいです（笑）。家の中に、人に見せたくない場所、隠しておきたいところは作らないほうがいいです。隠そうとするから片づけなくなるのです。

情報は目から入ってきます。いろんな形、色のものが視界に入ってくると脳がぐったりするんです。片づけの依頼を受けて行ったお宅で、偏頭痛持ちの奥さんが数名いました。たまたま偶然かもしれませんが、どなたも家にいても疲れがとれない、眠れないとおっしゃっていました。それが何度か片づけをしにいくうちに、表情が明るくなっていったのです。目が休まると気が休まります。疲れがたまってもしっかりとれる環境が作れれば、体調もよくなってくるんですね。

部屋を見渡したときに目が疲れない、心を乱されない空間をめざしたいですよね。心がモヤモヤしたら、「はがしてみる」を実践してみてくださいね。

Q 家族の部屋が汚いんです。夫の部屋も雑然としているし、あと最近、独立して家を出ていった子どもの部屋も汚いまま。勝手に片づけてもいいでしょうか。

A おたずねしますが、ご自身のお部屋はきれいでしょうか（笑）。子ども部屋が汚い、お姑さんの部屋が汚いなど家族の部屋が雑然としているという悩みはとても多いですね。でも、まずは「人より自分」なのではないかと思いますが、いかがでしょうか。まずはご自身が家族にお手本を見せて、そしていっしょに片づける。20歳以上のお子さんは、勝手に片づけると親子の関係性も険悪になるので注意が必要です。とくに娘は母親のことをよく見てるなと思います。整理収納など暮らしの基本は学校では教えてくれないですから、家庭で母親のやり方を見よう見まねで覚えていくしかないわけです。参考にするか、反面教師にするかはそれぞれですが、自分自身の暮らし方が子どもにとって鏡となる。そういう側面はあると思います。

個室の汚さには、目をつぶれない時もありますよね。子どもにとっては勉強に集中しにくい環境につながりますし、お年をめした方の場合ではホコリやカビがたまって健康にもよくなかったり、モノにつまずいて危なかったりもします。

わが家の場合では、娘の部屋が汚かった時、「リサイクルの日は〇日だから、不要なモノは玄関に出して置いてね」とメールしたり、「部屋が汚いけど、ビフォーアフターの画像を送ってみてくれない？　参考にしたいから」なんて言うと、けっこう片づけていましたね。うちの娘はスマホ世代なので画像を送るという動作は好きなようなのです。あと、長男がひとり暮らしをする際、荷物を全部持って行かなかったんですね。引っ越し先が狭いからと。だから強制的に長男の部屋を長女の部屋に鞍替えしました。長女が長男に、「コレ、捨てていいの？」とか聞いて処分してましたね。「〇日までに答えてくれないと、処分するよ」と、長男の筋トレ用の鉄アレイとかは庭に埋めてました（笑）。思いきって部屋の鞍替えをする、というのは絶大な効果があります。話は脱線しますけど、健康グッズはリサイクルショップで引き取ってもらえないんですよ。一時的なブームのものとみなされて値段がつかないのです。ランニングマシーンとか乗馬スタイルで腰を動かすマシーンとか、処分にはお金を払って粗大ゴミにするしかない。買う時には相当の覚悟が必要です。

Q 友人に旅行のお土産をもらうんですが、使いこなせない食材はどうしたらいいですか。

A ありますよね。ベトナムの調味料などをもらっても、使いこなせず気づくとそのままで何年も、といった感じで。スパイスはだいたい2年でダメになるみたいです。私の場合、自分では使いこなせないな、と思ったら小分けにして別のお友達とシェアします。ちょっと古くなったドレッシングは加熱して、そこで肉と野菜をしゃぶしゃぶしてサラダにしますね。あと、自分が旅行に行った時、現地でもらうパンフレットで持ち帰るものは2つまでと決めています。持ち帰っても結局は読まなかったりしますから。「読まないのは、ないのといっしょ」ですから。きれいな紙のものなら、しおりにして保存したりすることもあります。

Q お嫁入り道具だったふとん、重いし場所を取るから捨てたいんです。でも95歳の母に申し訳なくて捨てられないというジレンマが……。

A 私も同じ悩みを持っていました。しかし、いつか誰かが処分しなくてはなりませんよね。木綿わたがしっかりしているなら、敷ぶとんや掛けぶとん、座布団はふとんやさんに引き取ってもらえると思います。長年使ったものなので、もちろん値段はつきませんが、中の綿を再利用して使ってもらうことはできますから。

結婚して35年、わが家も、客用ふとんをせいいっぱい使ったと思います。実家の家族が遊びに来た時にも使っていましたが、なにせ収納場所を取るし、重いんです。足し綿をして、もう一度使うことも考えましたが、娘にも使わせることになる。処分のつらさを、娘にも味わわせることになると思ってふとんやさんに持っていってもらいました。

モノを捨てるって、つらいことです。モノは人の思いを背負っていますから。どんな気持ちで私に贈ってくれたんだろうって考えると、とても捨てられない。でもモノは食料品のように勝手に腐ってはくれませんから、だれかが処分のつらさを引き受けなければならない。

今回のふとんの処分で、そのようなことに改めて思い及びましたね。だから、人様に何かを贈る時にも、自分が何かを買う時にも、精査が必要なのだと。それが結局は将来の自分や家族をラクにするのだと感じたのです。

人生を変える片づけ
～5軒のお宅で気づいたこと～

CHAPTER 4

ありがたいことに片づけに困っている多くの家庭からお声がかかり、お手伝いに行かせてもらっています。家とは完全なプライベート空間ですから、どう暮らしているか、どう生きているのか、その方が育ってきた環境や経済状況などあらゆるものが「露呈」しています。そう、片づいていない家というのは、1つの「現象」なだけで、問題はもっと奥底にあるのです。家庭不和や満たされない思い、依存……。片づけを通して見えるさまざまなドラマを、脚色なしの完全実話でお届けします。

友人に
お茶しに来ない?
と言われてもそんなに気乗りはしないのですが
部屋がゴチャゴチャで……片づけてくれない?
行く行くっ
と言われるとがぜん、燃えてくるのです
なぜなら、片づけてきれいになったあとの、その人の笑顔が見たいから
せっ
せっ
片づけは「お金をかけずに人を幸せにする」術《すべ》であり
before
after
うわあ!すごい!ありがとう!

スッキリとした家に住むうちにまずはお母さんの表情が変わり、生活が変わり、人生が変わる
イキイキ
明るくなったね
すごいねーひろーい
そのリアルな変化を何度も目にしてきているからです
片づけとは、その家を「掘り起こす」ということそこに住まう人の「人生を掘り起こす」ということなんです
何に興味を持って生き、モノを買い、モノを溜めているのか
だから片づけの前に、クライアントの経歴や暮らしぶりをさりげなく聞いたり、観察したりしています
育ってきた環境や職業を知るとその人のモノの持ち方やしまい方、クセがわかるのです
ありがたいことに多くの片づけ依頼をいただいてきました
どのお宅にも片づけられないさまざまな事情がありました
とくに思い出深い5軒のお宅をご紹介します
!!
Go〜

「片づけられない韓国マダム」の豪華マンションのケース

玄関にゴルフバッグ５つー⁉
どーーん
⑤
③
②
①
④
ええ、うちの子どもたちを将来プロゴルファーにしたいので
ホルモン注射ずらりーー！何これ！日本の家庭では見ない！
ずら～
えぇーっ
うちの子ちょっと体が小さいから、大きくしないと
韓国に行ったときに私の美容グッズといっしょに買いだめしてくるの
ロボット掃除機がなぜカーテンレールに……
？
？？？
部屋が広いから、見失っちゃってここに置いておけば捜さなくてすむでしょ

床に置いているモノのなかにうずもれているたしかにこれでは見失うかも……
掃除機失踪事件多発
WANTED
掃除機？何台あるかしら……なくなったらまた買ってるから
1、2、3……
ところで井田さん
新しくどんな食器棚を買ったらいいかしら？
いいえ、見直せば必ず収納は足りるんです買い足す必要はありません
「買うこと」で解決はしません片づけとは「片をつける」ことですから
まずは「枠」を決めてそこに何をどれだけ入れるかを考えるのです
「枠」……!?

そう、
食器が入る「枠」は
これだけです
ここに入る分だけを
選び
そして
食器棚に
戻すクセを
えらぶ
使ったら
もどす
枠の中に戻せなければ
どんなに広い家でも
どんどんモノに支配されて
狭くなるんです！
ガーン
どーん
え……
じゃあ、
ここに何を入れたら
いいかしら？
その答えは
「ここで何を
したいか」に
あるのです！
もちろんここは
キッチンだから
料理がしたいわ
汚れてるし
狭くしちゃっているから
このスペースだと料理もろくに
できなくて……

キッチンですから
キッチンまわりに
必要なモノだけの
置き場にしましょう
場所の持つ「役割」を決めれば
「要」と「不要」がくっきり
見えてきます
モノには行くべき場所が
あるんです
おさまる場所をあいまいにしたり、
「枠」を決めず無秩序にモノを
増殖させるとゴチャつきは
とまりません
キムチ専用
冷蔵庫
ワイン専用
冷蔵庫
NO～
モノを冷やして
保存するのに
本当に4つも必要ですか？
冷蔵庫
コスメを
保存する
クーラー
ボックス
そして、
大切なのは
ひとつの動作を始めたら
終わらせてから次の動作を
するということ
この家のいたるところが
開きっ放しのフタ
状態なんです
やりかけの
洗濯物
作りかけの
何か
だって私
いつもすごく
忙しいんだもの～
汚れた食器の山

子どものゴルフの練習、塾の送迎、食洗機や洗濯機にピーピー呼ばれて毎日大変なの
ではまず小さなところから始めましょう
引き出しひとつからでもいいんです
やりとげることが大切
それならキッチンをきれいにしたいわ…
子どものためにも料理がしたいもの……
わかりました……
それでは

井田式　整理整頓術
だす
へらす
ゴミ
わける
キッチン用品
他
しまう
す、すごい！
これがあのキッチン!?
キッチンで料理ができるわー！
ピカー!!

次はぜひ
子どもたちに
「整理整頓」を
教えてあげて！
私じゃ
教えられない
から！
子ども部屋でーす！
どーん
勉強机が
おもちゃで
いっぱい
だわ……！
あ～
そのおもちゃ、
なくしたと思って
パパに買って
もらったやつ
なくす↓買ってもらう
↓モノ増える↓なくす
無限ループ⁉

ベッドの下に丸めた服がぎゅうぎゅう詰めに……
みっちり…
この机は何をするところかな？
う～ん、宿題とか勉強とか
そう、この机の「役割」は勉強ね
じゃあ勉強するためのモノを勉強しやすいように置いてみようか
パン！
は～い
ベッドの下のこのお洋服、取り出しづらくない？
うん、何が入ってるかわかんないや
お洋服はこうして畳んで
立ててしまうといっぱい入るし見やすいよ

すげー！
ほんとうだ！
こんなやり方があるんだ、
ママもマネしてみたら？
できたー!!
私もやる！
私もやるー！
「自分が暮らしやすい」家は
自分たちで
カスタマイズして
見つけていくもの
私はクライアントに
寄り添い
少し
手を借すだけ
キレイになった～!!
子どもは母親を
よく見ています
「暮らし」は学校では
教えてくれない
家庭でしか教わるところが
ないんです
お金でモノは
買えるけど
子どもの習慣は
買えません
片づけは
「だれかの手」で
やるしかない
「手を動かす」んです！
ドーン

「カナヘビがリビングにいる」共働き夫婦のマンションのケース

折り畳まれたこの布団は……!?
縦折り
ボクの寝床でーす
アハハハ
床が狭すぎて布団を置くスペースが半分しか取れなくって
縦に折ると厚みも出るしふかふかでいいですよ！
え、なぜリビングの中心にカナヘビが……!?
コンチワ
ぎょっ
夫の飼っているカナちゃんです
理科の先生だから生き物好きで
部屋がゴチャゴチャだからここに置いとかないと行方不明になっちゃって……
どーーん

こんな部屋だから産休中なのにぜんぜん休まらなくって……
身重だからっていう言い訳もあるけれど片づけがキライ……
でしょうね！
心の声
赤ちゃんが来るのだから安心して住める空間にしないと！
よーし
まずはクローゼットを拝見しますね
クローゼットの扉
閉まってない
押し入れの引き戸
閉じてない

クローゼットどうして閉まらないんだろう……？
グッ
ぐっ
たてつけが悪いのかしら……？
クワッ
いや、そうじゃない
どーもー
レール
なぜ米粒がレールに挟まってる⁉
クローゼットに米袋を入れているのでお米を炊くときはいつもここまで移動するの
そのときこぼれ落ちるのね
ザラッ
あっ
いや、ごめんなさいこぼれているのは知っていたけど掃除をしたことがないのです、めんどうで
そうか！このお家、輪郭があいまいなんだわ
あるべきモノがあるべき場所におさまってない
わかったわー‼

季節外れの衣類がソファの上に
冬に夏物
季節の「枠」の外
お米はキッチンから遠いクローゼットに
米びつに入れてくれよ…
キッチンで
場所の「枠」の外
そしてもう着ていない過去の大量のブランド服
フリフリ
現在の「枠」の外
そして収納の「枠」からあふれ出たモノがなだれを起こしている……
ドドド
収納
もうムリー!!
わー
ブランド物の紙袋がたくさん……
それは独身時代から自分でがんばって買ったモノの思い出っていうか……

208枚ありますね
198
199……
に……!?
208枚……!?
人は自分が活躍していた頃のモノやよい思い出がある過去のモノを捨てられない
こちらの奥さんにとっては、稼いだお金を自由に使っていた頃のブランド物がそのシンボル
さすがに多すぎますね……
捨てよう……
GUCCYO
ONE POINT
「少ない」「多い」などあいまいな感覚ではなく実際の数量を数えて、多すぎると数字で認識することが大切！
この大量の文具は……？
教員なので、いつか復帰した時に工作で使えるかも……と
ハサミが10本
のりが6本
牛乳パックが80枚
ホチキスが５本
多すぎますね……

すべて
手放さなくても
大丈夫です
「ここに
入るだけ」
持ちましょう
何をしたいか、
持ちたいか、
自分の気持ちに
「優先順位」を
つけるんです
1
2
3
ほらこれ、
産まれてくる
赤ちゃんのために
何かしたいんじゃ
ないんですか？
そこに
ありましたよ
ベビー服
裁縫キット
あ……
それは、
ベビー服を
作ってあげたくて……

でも作る場所もないからそのままで……
うん……
……ちゃんときれいにして、赤ちゃんのためにベビー服も作ってあげたいな……
ぎゅっ
優先順位の1番は、産まれてくる子どもによい環境づくり！
モノ、減らします！選びます！
バブー
1
2
3
ゴミ
その心意気よーー！
モノは食品と違って腐ってくれないから人の手で選別しないとその場に居続けます
ファイトー!!
ファイト

「もったいない」と
思うのは
やさしい心を
持っている人ね
もったいない…
でも、
使われないとすれば
居続けるモノは
活かされておらず
モノも空間も
「もったいない」だけ
飼い殺しのモノは、
手放してあげて
Bye~!!
Bye
まだ使えて
他の行き場があるモノは、
バザーやリサイクルで
第2の人生を与えてあげて
それがモノにとっても
いいことなんです
そしてあなたの心を自由にする
自由になった、余白のある心は
すがすがしいもの
一度実感したら
やみつきね
「もったいない」の
呪縛から
解放されるのです！
もったいないゴースト

うわぁ……
リビングが
ホテルのように……!
今まで
居場所が
なかったけど、
こんなにこの家
居心地
よかったんだ……!
くうっ
安心して
赤ちゃんを
迎えられるね
場所やモノの
「枠」をはっきり
させて
どん
「輪郭のしっかりした家」を
保ちましょう!

「夫を操作する女王の館」のケース

だから
そこじゃないいって
言ってるでしょうがーー！
ごめんよーーっ
あ……！
子どもが
固まってるわ……
いったい
どうしたん
ですか？
よしよし
私、あらゆるモノやコトが
きちんとしてないと
がまんできないたちなの
なのに夫ときたら、
全然だめだから！

ご……ごめんよ
がんばっているつもりなんだけど
結果がともなってなければ意味がないのよ！
ちゃんと私が置き場所を決めているんだから、その場所に置いてよ！
モノの置き場所が決まっている
それは整理整頓的にはとってもいいですね
……って
ん
封筒　茶
封筒　白
ガムテープ　茶
ガムテープ　白
クリップ
梱包用ひも
ハサミ
のり
セロハンテープ
消しゴム
ボールペン
鉛筆　HB
鉛筆　B
鉛筆　2B
シャープペン
シャープペン替芯
ネイル赤
ネイル茶
つめきり
つめヤスリ
みみかき
めんぼう
消毒液
絆創膏
かゆみ止め
包帯
湿布
目薬（疲れ目）
目薬（保湿）
目薬（ビタミン）
ビタミンサプリ
コラーゲンサプリ
歯ブラシ
せっけん
シャンプー
リンス
お風呂用洗剤
食器用洗剤
パイプ用洗剤
トイレ用洗剤
虫除けスプレー
虫除けバンド
フローリングワックス
防カビ剤
防虫剤
消臭剤
除湿剤
輪ゴム
分類がこまかいわーー！
ど

ええっと……
電卓はどこだったかな……
これは旦那さん置き場所探すのがしんどいわ！
ねえ窓ふきやったの!?
や……やったよ
トイレ掃除は？
これから……
ちゃんと予定どおり動いてよ！
ちゃんと予定表にラベリングしてるでしょ！
予定表
ゴミ出し
窓ふき
トイレ掃除
風呂掃除
資源ゴミの梱包
電気料金支払い
車のガソリン入れる
洗車
ゴミ出し
カビとり
キッチン掃除
布団干す
シーツ洗う
クリーニング出す
まないたの漂白
ゴミ出し
窓ふき
トイレ掃除
風呂掃除
資源ゴミの梱包
電気料金支払い
車のガソリン入れる
洗車
予定表もこまかいわーー！

す……すごくこまかくラベリングなさってますね
だってラベリングって大事でしょ？
あ！そっちはまだラベル作ってないからさわらないで！
パスタ60袋ー⁉トマト缶24個ー⁉
なぜこんなに大量のストックが！
パスタ60袋
トマト缶24個
送料無料だったからお得でしょ
でもどれも賞味期限が切れている……
ねぇ整理整頓ついでにひな人形を見つけて欲しいの
ラベリングしなかったからひな人形が見つからないのよね……

テキ
パキ
パキ
テキ
…!
あったー!
これかしら?
そう、これ!
よかった～!
今度はちゃんと
ラベリング
しなきゃ!
ええと……
ラベルはこまかく
わけて貼らないとね
「おひなさま」に
「お内裏さま」
「ぼんぼり」
「屏風」……
あとですぐ
見つかるように

ラベリングはとっても大事だけど、もう少しざっくりでよいと思います
ざっくり？本当に？
そう、たとえばこのおひなさまなら「季節モノ」とか「飾りモノ」というラベルで十分
こうすれば季節で使うグッズとか他の同じジャンルのモノといっしょにしまえるから
しまいやすいし見つけやすいわ
……たしかにそうかも……
ほかのモノも「種類」で分けるといいわよ
例えば文具なら
文具類
こうするとのりもハサミも入れられるわね
のり

「種類」なら
ぼくも
しやすいな
……そうなんだ……
……こまかすぎたのね、
私……
ラベリングも人生も
思いどおりに
いかないものです
きっちりやることで
疲れたりイライラしては
本末転倒
もっと
いろいろ
おおらかに
ならないとね
きっちりと決め込まず
「枠」をゆるやかにしてね
そうすれば
家族がもとの状態に
戻しやすくなるから
リバウンドもしにくい
「住」という漢字は
人が主と書くんです
モノや決まりごとに支配されないで、
人がのびのび暮らさないとね！
住
わー
わー
かつての私
私もかつては
あらゆることに
余裕がない主婦だったから
よくわかるの
自分も家族も追いつめて
しまっていた……
大切なのは
「ゆとり」を持って
追いこまないこと！

「母1人と子ども2人が引きこもる」ゴミ屋敷のケース

これはドアも開かないはずだーー！
竹馬？
ゴミ
ゴミ
ゴミ
ゴミ
ゴミ
ゴミ
てんこもりの靴
灯油タンク
床が見えない……！
そろ〜っ
あ〜、そこ気をつけて
ふだんはネットばっかやってて動かないからべつに不便もないんだけど……
ぼくゲーム！
私もーー！

……学校は行かなくていいの？
だってランドセル見つからないもん！
行けないよ！
おにいちゃんがお家にいるから私もいる～！
……よし！
ランドセル、探しましょう！
そのためにもみんなでお片づけするわよー！
い～のにべつにぃ
まずはいらないものを……
この画用紙は？
だめー！それ置いといて！おえかきに使うかもしれないから！

このおかしの空き箱は……
せんべい
だめー！それは工作に使うかもしれないから！
チョコ
……よし
こうしよう！
さぁ、この袋にいるものだけ拾って入れて！
このままだとゴミ山のアリ地獄になって床ですべっちゃうよ！
わーっ

わー
いらない
いらない
わー
いら…
ない!!
わー
奥さまはこちらを仕分けしてください！書類はご自身じゃないと扱えないからお願いします
どん！
仕分けってどうやったらいいのか……
おおざっぱにひとまず
重要
学校関係
私的なもの
不要なもの
にわけてください
さらにこまかくわけるのはそのあと！
これだけでもだいぶすっきりわかりやすくなりますよ
それならできそう……
ねえすごいよ！

床が見えるよ
歩きやすいよ！
玄関をゴミ置き場に
しないでね
廊下は人の通る道だから
何も置かないでね
すごいすごい！
じゃあ
この調子で
ほかのお部屋も
やっちゃおう！
わー
わー
わー

……!
あったー!
布団
服
座布団
座布団
和室の座布団のあいだにランドセルあったー!
……思い出した……
テストの点数が悪かったから、ここに隠したんだった……
15
まー
本当は、運動会に行きたかったんだよね……
え、運動会にも行けてなかった? 小学生なのに?
ぼく、あしたから学校行ってみようかな!
ともだちにも会いたいし!

うそ…！
うん
ほんとうに……!?
広くなったから
おにいちゃんと
あそべるよー！
あしたから
私も
ようちえん
いく
わーい
わーい
「捨てて」と言うと
人は判断に迷います
でも「選んで」と言うと
行動しやすいのです
片づけて、
埋もれた宝物を
見つけだして！
家族の笑顔という
宝物を！

「在宅仕事の妻」のカオスな空間のケース

締め切りあけで少し時間ができたんで片づけをお願いします
実例５
依頼人は
妻（作家）
（家族構成）
夫（会社員）
子ども２人（中学生）
ふだんは締め切りに追われて片づけまで手がまわらなくて！
へぇ〜作家さん……
ピンポーン
この家ね
ガチャ!!
どーもどーもぉ〜！
締め切りあけだから次の締め切りまで時間ができたんですーー！
入って入って
コンビニ弁当のゴミ
カオス！
洗濯物の山
毛

掃除機？もうひと月はかけてないかな〜
洗濯物がくずれてかけるスペースないし
そもそも掃除機のヘッドがないし
ない
ごはんはコンビニで！
とにかく時間がないから子どもたちも机の上のジャラ銭持ってそれぞれ買うスタイルで
そういやゆうべ子どもたちどこ行ってたんだろ……
うち放任なんで
この家じゃ子どもたちの居場所がないのではないかしら……!?
明日の自分をラクにするために片づけるんです
よーしっ
探しモノをする時間を減らして家族でもっと楽しみましょうね

そのためにはまず仕事部屋！
バ〜ン
さすが作家先生、りっぱな本棚……
……って何の棚ー!?
えーっ
リップクリーム
写真立て
拾った小銭
ハンドクリーム
HAND
これでは本が取り出しづらくはありませんか？
いや〜ついついそうなんですよね、本が取りづらくって
そういうタイプには……
本を前揃えにする術！
前面を揃えてうしろのスペースをあける
スペース
手前に置くことで本の前に小物を置けないようにするの！

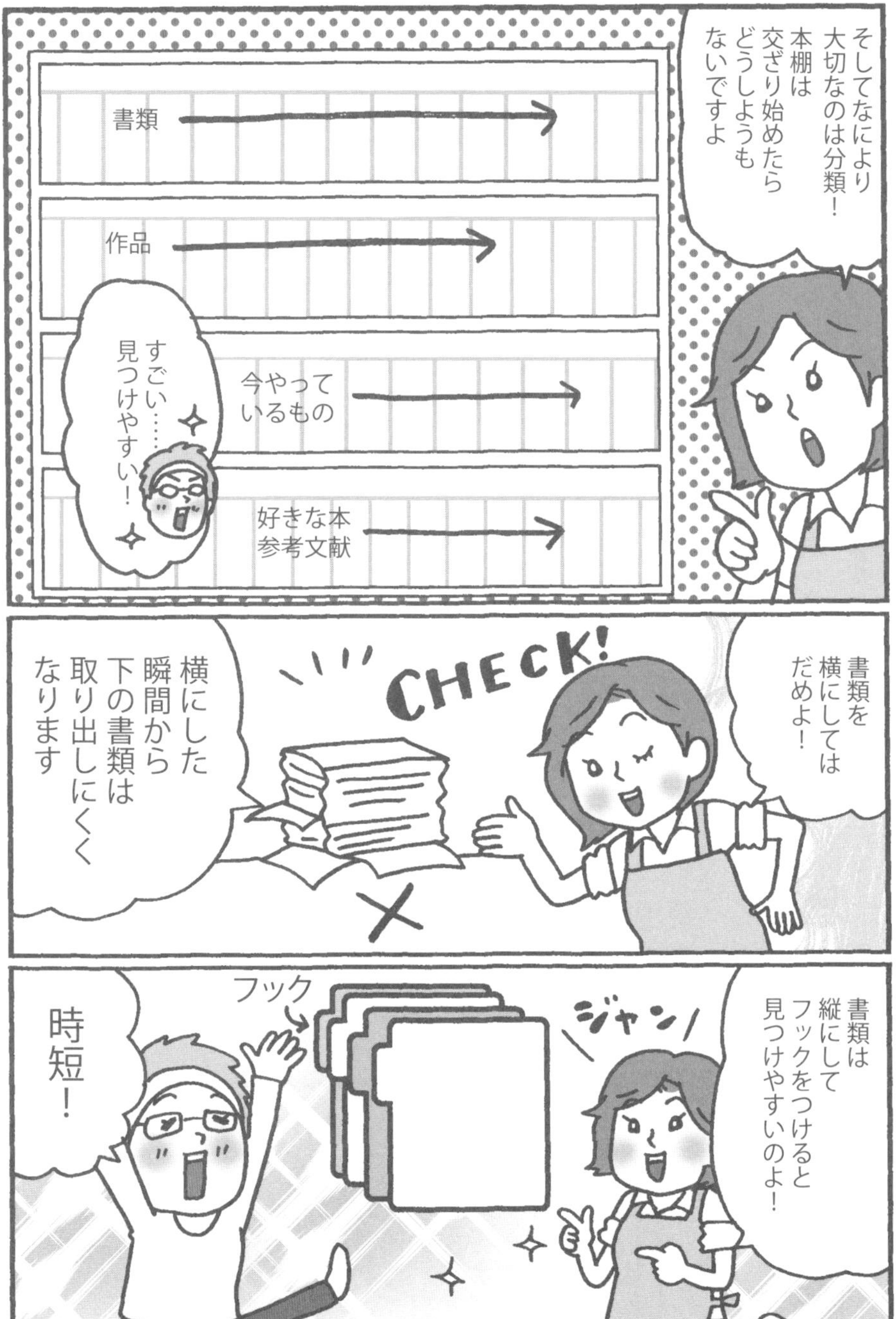
そしてなにより大切なのは分類！本棚は交ざり始めたらどうしようもないですよ
書類
作品
今やっているもの
好きな本
参考文献
すごい……見つけやすい！
書類を横にしてはだめよ！
CHECK!
横にした瞬間から下の書類は取り出しにくくなります
書類は縦にしてフックをつけると見つけやすいのよ！
ジャン
フック
時短！

すごい……
この部屋、こんなに広かったんだ……
……もう一台本棚が置けるね！
本棚もう置かなくていいのよ！
置きたい置きたい病を治して～！
今まで資料捜しとか書類捜しとかですごく時間をくってたけど……
これですぐ見つけられて余裕ができるわ

本棚の整理は
2時間もあれば
できます
「そんな暇ない」と
思ってても、
手を動かして
「えいっ」と
やってしまったほうが
あとあとラク
毎日がうまく
まわるのが
とっても気持ちよく
感じますよ
どこかに
遊びに行っても
2時間なんて
あっというま
その時間で快適さが
手に入るんです！
たしかに…
今日は久々に
コンビニ弁当じゃなくて
手作りごはんで
食卓を囲もうかな……
「片づけの暇がない」って
言っていても
片づけの時間なんて
一生来ないんです
なぜなら人生は
そのときどきで忙しく
人はやりたくないことを
後まわしにするから！
そう、やるなら「今」
そして「気づいた時」なんです！

さて、いかがでしたでしょうか？これらのケースはすべて実際に私がうかがったお宅の実話です
はじめは「閉じていた家」が片づけをきっかけに「開いて」いったのを感じました
ない
3〜40 cm
どーん
どーも〜
パスタ60袋
トマト缶24個
座布団
座布団
「閉じた家」とは来客もなく、モノをためこむばかりの新陳代謝の悪い家
逆に「開いている家」というのは、いつでもどうぞ、と人を呼べる、空気の流れがいい家
OPEN
CLOSE
住んでいる人たちはプライベートを守りながら、公（社会）との行き来をスムーズにできて、暮らしにストレスがないんです
心をしっかり落ち着かせることができるうえ、外向きになるから、軽やかに生きていけます

とくに子どもは、
親や家を選べません
不便だとも不幸だとも
声をあげることができず、
環境に慣らされてしまう
だからこそ、
大人が住まいを整え、
子どもがのびのびと
暮らせるように
してあげたいもの
今回ご紹介した
５軒のお宅のうち
４軒には、
たまたまですが
お子さんがいて、
片づいた時から表情が
明るくなっていったのを
覚えています
わーい
ひろ〜い
子どもとの関係、
夫婦関係、ご近所づきあい、
自分の人生
すべては
家という
出発点から
広がっていく
片づけの目的は
「心の平和」
片づけた人から
幸せになれる、
ということを
たくさんの笑顔から
実感できている日々です

おわりに

本書が完成する1か月前に、2世帯住宅への引っ越しをしました。唯一、新しく購入したのはダイニングテーブル。ウォールナットの材木を使った国産品で私たち夫婦にとっては高価な買い物でしたが、「ダイニングテーブルを買うのは、きっとこれが最後」と購入を決めました。

結婚して35年になります。新婚時代は2Kの借家で夫婦ふたりだけの食卓でした。そして、団地に移り子どもたちと囲んだにぎやかな食卓もなつかしい。そしてしだいに子どもたちが反抗期をむかえてぎくしゃくした食卓も、ついこのあいだのことのようです。いつのまにかひとり、またひとりと子どもたちが巣立ちし、また夫婦だけの食卓となり、2世帯同居となった今度は再度、にぎやかな食卓へと逆戻り。振り返ると、家族5人で楽しく食卓を囲んだ時間はあっというまでした。とはいえ、日々の生活に追われ、当時はそのありがたさに気づけなかったと思います。もう少し、子どもたちに温かい声をかけてあげればよかった。もう少し、子どもたちの話に耳を傾けてあげればよかった。ダイニングテーブルを購入したことをきっかけに、さまざまな思いがあふれます。ちなみに、前の家のダイニングテーブルは置いていきました。そのテーブル自体もよそのお宅からゆずり受けたお下がりでしたが、家を購入してくださった方が、そのまま使いたいとおっしゃったのです。二十歳前後のお子さんが3人いるご家族。そのテーブルを囲んで、幸せな想い出ができるといいなと思います。

本書は前著『引き出し1つ」から始まる！人生を救う 片づけ』の続編です。「片づけの目的は、心の平和」。それをお伝えしたくて、日々の暮らしの工夫のほかに、生まれ育った広島という土地のこと、私自身の信仰のこと、片づけをお手伝いしたさまざまなお宅のエピソードを入れました。

もがいたり苦しんだりした過去があるからこそ、穏やかな心でいたいという思いは歳を重ねるごとに増していきます。

片づけとはモノを出し入れするノウハウではなく、もっと軽やかに生きようとする心のありかただと思うのです。「忙しくて今日も片づけられなかったわ」とあきらめることで、明日の自分が不自由になる。明後日は、「また今日もできなかった」という罪悪感でさらに、自分が苦しくなります。

だから、気づいた時に少しでも手を動かしてみませんか？　未来の自分をラクにするために。本書を手に取ってくださったということは、日々の片づけをなんとかしたいという強い思いがあるということ。実現するなら、「この瞬間」がおすすめです。

具体的には「〇〇（場所やアイテム）を〇日までに片づける」と1か所だけを決めてカレンダーに書きこんでみてください。その日になると、不思議にムズムズしてくるはずです。自分自身にコミット（約束）する。この効力、意外とありますよ。

私たち夫婦は先日、東京オリンピックのボランティアに申請しました。2年後、ちょうど60歳の時に開催されます。どんな経験ができるのかとても楽しみ。外国人観光客のお役に立てるよう互いに、英会話をスキルアップするという小さなコミットをしています。そして2年後には長男も海外から日本に帰ってくる予定。長男の成長を楽しみに待つことができる――そんな心の自由を得た「今」が、とても充実していると感じています。

井田典子

井田典子　Noriko Ida

整理収納アドバイザー。横浜友の会（婦人之友読者の会）所属。NHK総合テレビの情報番組「あさイチ」などで〝片づけの達人〟、〝スーパー主婦〟として活躍。主婦ならではの実践的な整理・収納術が好評で全国各地で講演会を行う。著書に『引き出し1つ」から始まる！　人生を救う片づけ』（主婦と生活社）ほか。

オフィシャルサイト
https://idanoriko.jimdo.com/

ブックデザイン　小橋太郎（YEP）
写真　中川真理子　落合里美
イラスト　スヤマミヅホ
マンガ　MASACO
校正　鷗来堂
編集　谷 知子

たった1か所を「眺める」ことで始まる！
人生を変える 片づけ

著者　井田典子
編集人　新井 晋
発行人　倉次辰男
印刷所　大日本印刷株式会社
製本所　共同製本株式会社
発行所　株式会社 主婦と生活社
〒104-8357　東京都中央区京橋3-5-7
TEL 03-3563-5058（編集部）
TEL 03-3563-5121（販売部）
TEL 03-3563-5125（生産部）
http://www.shufu.co.jp

ISBN978-4-391-15267-8